내가 본 사후 세계
그리고 **환란과 심판**
천국과 지옥의 실체

내가 본 사후 세계
그리고 **환란과 심판**

천국과 지옥의 실체

저자 신옥자 목사

차례

프롤로그 / 신비한 체험   7

서문   16

영광스런 사명을 받은 한국교회   18

천국과 지옥의 실체(파수꾼의 사명)   26

part 1 구원   41

part 2 주님의 교회들   57

part 3 사명   81

1. 성도의 사명   83

(1) 정죄와 심판의 차이   86

(2) 성도의 심판   89

2. 여성의 신학   103

(1) 여성의 사명   103

(2) 여성 신학   110

3. 지도자의 사명   115

part 4 대환란의 징조들　　　　　　　　　135

1. 이스라엘의 회복　　　　　　　　　　　137
　(1) 바벨론의 침략　　　　　　　　　　137
　(2) 로마의 침략　　　　　　　　　　　140
　(3) 이스라엘의 재건　　　　　　　　　142
　(4) 아랍의 오일 갈취　　　　　　　　　148
2. 지진　　　　　　　　　　　　　　　　151
3. 기근　　　　　　　　　　　　　　　　155
4. 도덕의 타락　　　　　　　　　　　　158
5. 사탄 시대　　　　　　　　　　　　　162

part 5 거짓 평화 왕 적그리스도　　　　　171

1. 거짓 선지자　　　　　　　　　　　　176
2. 〈666〉　　　　　　　　　　　　　　　178
　(1) 악창과 종기는 〈후 3년 반〉　　　　178
3. 휴거　　　　　　　　　　　　　　　　186

part 6 대환란　　　　　　　　　　　　　195

1. 야곱의 환란 시기　　　　　　　　　　198
2. 〈전 3년 반〉　　　　　　　　　　　　201
　(1) 첫째 인의 심판—사탄 정부 출현　　201
　(2) 둘째 인의 심판—전쟁　　　　　　　201

 (3) 셋째 인의 심판—기근   205

 (4) 넷째 인의 심판—사망   206

 (5) 다섯째 인의 심판—박해   207

 (6) 여섯째 인의 심판—파괴   208

 (7) 일곱째 인의 심판—침묵   209

3. 〈후 3년 반〉   212

part 7 재림   219
1. 아마겟돈 전쟁   227

part 8 천년왕국   231

part 9 새 하늘과 새 땅   237

에필로그 / 주님께서 쓰게 하셨습니다!   242

프롤로그

신비한 체험

"잠시 잠깐 후면 대환란이 있으리니, 지금은 고난의 시작이라"

 재림에 관한 이상하고도 놀라운 체험을 하게 된 것은 40여 년 전 무더운 여름 한얼산기도원에서 금식기도하고 있을 때였다. 성령 안에서 죽은 상태라고 말하기도 하는 이런 경험은 대부분 은사들을 체험했다고 여겨 왔던 내 생각을 깨뜨리고 새로운 교훈을 얻도록 하는 데 큰 도움을 주었다.

 하나님의 능력은 무한하며 우리가 체험하지 못한 비밀스러운 은사(恩賜)들이 많이 있다는 사실을 알게 했다. 하나님은 나를 새로운 차원의 세계가 있음을 깨우쳐 주고, 크고 비밀한 인류 종말에 대한 하나님의 뜻을 알리는 무기로 삼아 『대심판』이라는 책을 쓰도록 강권하셨다. 그날 내가 경험했던 사건들은 전혀 예측하지 못했던 일이며, 또한 전혀 원하지 않았던 일이기도 했다.

 나는 갑자기 강한 힘에 의해 쓰러지고 말았다. 거부하려 해 보기도 했지만, 그 강한 힘 앞에서는 저항할 수 없는 무기력한 자신임을 깨달았을 뿐이었다. 분명 내 마음과 행동은 별개의 것이었다. 한사코 거부하는 강한 자존심도 아랑곳없이 나는 내가 가장 보기 흉하다고 생각했던, 무지하고 초라하게 보이는 그런 모습이 되어 쓰러진 채 가만히 있어야만 했다. 그러나 정신만은 희한하게도 초롱초롱 맑고 환했다. 비록 몸은 움직일 수 없었으나, 모든 것을 생각하고 판단하고 들을 수 있는 나 그대로였다. 그래서 나는 더욱 두려움을 느꼈던 것 같다.

그런 시간이 한 30분쯤 지났을까? 내적인 방법으로 새로운 은혜를 주시려는 성령에 이끌린 바 되어 내 영은 육체로부터 벗어나 이상한 곳으로 인도되어 갔다.

아주 평화롭고 더없이 감미로우며 완전한 기쁨을 느끼는 벅찬 의식을 경험할 수 있었다. 꿈속에 빠지듯 몽롱한 의식 속에서 서서히 알 수 없는 곳으로 이끌려 가는 동안 나는 최고의 환희를 느낄 수 있었다. 이런 평화와 기쁨을 만끽한 그 순간으로부터 현세와 내세가 분리된 듯 외부의 소음은 전혀 들리지 않았으며, 잠깐 사이 어느덧 내 영은 빛에 인도되어 아주 희한한 곳에 와 있었다.

빛의 세계! 형용할 수 없는 아름다움! 은은하면서 고운 빛이며, 고요하면서 감미로운 멜로디가 진정 황홀한 꿈을 꾸는 듯 나를 놀라게 했으며, 내 몸은 마치 새털처럼 가벼운 느낌을 느끼며 걸어 다니는 나 자신에 놀라기도 했다.

그 이상한 세계는 내가 늘 그리던 꿈속의 낙원, 그 이상의 것이었다. 너무너무 아름다웠고, 너무너무 좋았다는 말밖에 다른 표현이 생각나지 않을 뿐이다. 바울이 신비한 체험을 한 후 표현한 것처럼, 나 또한 몸 안에 있었는지 몸 밖에 있었는지 도무지 알 수 없었다. 다만 알 수 있었던 것은 지극히 강한 자의 권능 아래 있고, 지극히 높으신 능력자가 계시는 빛 속에 나도 함께 있었다는 사실뿐이었다. 그 순간의 기쁨은 형용하기 어려운 최상의 것이었다고 생각한다. 너무 행복하고 기쁜 나머지 얼마나 감격의 눈물을 흘렸는지 모른다. 속삭이듯 내 이름을 불러 주시며 포근하고 따사로운 사랑으로 나를 감싸주시던 주님! 축복스러운 그 순간의 일을 생각하면 지금도 뜨거운 피가 소용돌이침을 느낀다. 그래서 그때 나는 그 사랑의 주님을 위해 살기로 결심한 것이다.

 주의 영광을 위한 길이라면 제아무리 험한 길이라도 걸으려 한 것이다. 메꾸어지지 않았던 내 공허한 가슴을 사랑으로 가득 채워주신 그때의 그 환희는 영원하리라. 주님은 너무도 다정다감하셨다. 나 같은 들풀만도 못한 인간을 그토록 자상하게 사랑하실 줄은 예전엔 정말 몰랐었다. 그 사랑의 주님을 따라 이곳저곳을 구경했던 그 순간을 한번 상상해 보라! 진정 황홀할 뿐이었다. 게다가 나 같은 것이 무엇이라고 크고 비밀한 미래에 될 일을 보여 주실 때 나는 진정 꿈을 꾼 것이 아닌가 싶었다.

 언어는 사람의 식견과 사고와 경험의 영역에 따라 달라진다고 본다. 그런데 충격적이고 놀라운 영역의 이야기와 신비한 경험에 대해 표현하는 것은 진정 어려운 일이 아닐 수 없으리라. 형언할 수 없는 그 무엇이기 때문이다. 바르게 표현할 만한 수식어가 없으며, 어떤 최상급 어휘로는 그 반도 표현할 수 없다.

 내 영이 내 육체를 떠나 삼층 천당이라고도 말하는 하늘나라에 가서 새 사명을 받고 왔다는 사실을 어떻게 잘 묘사하고 적절히 표현하여 남에게 공감되도록 할 수 있을는지 나 자신도 알 수 없어 그저 난감할 따름이다. 다만 나의 최선의 것만 말하고 그 이상의 것은 주님께 맡기려 한다.

바울은 인간의 말로 표현할 수 없는 그 무엇을 보았다고 했다. 하늘나라의 비전(vision) 바로 그것이다. 인간의 이해를 초월한 신비의 나라, 나의 지식으로 얻어진 모든 어휘는 3차원적인 것인 만큼 그에 맞는 적절한 표현력이 없음이 안타까울 뿐이다.

하나님께서 감추어 두신 심판에 대해 내게 보여 주실 때, 마치 인류 최후의 날에 있을 하나님의 〈대심판〉이라는 영화를 구경하는 듯했다. 신비한 그 세계에서 대이변이 일어났다. 이상한 빛이 번쩍 비치더니 어마어마하게 크고도 넓은 대형 십자가가 이상한 구름 사이에서 우뚝 솟아올랐다. 그것은 마치 온 세상을 뒤덮는 듯했고, 이상하고도 기묘한 음성이 들리는데, 마치 전쟁터에서 들려오는 죽어가는 병사의 신음과 같았다.

깜짝 놀라 소리 나는 곳을 보니, 저 아래 인간세계에서 벌벌 떨며 엎드려 있는 많은 사람이 외치는 소리였고, 그 주위에는 무시무시하면서 희한하게 생긴 검고도 작은 마귀들이 무섭고 날쌔게 생긴 이상한 창을 들고 사람들을 노려보고 있었다. 이 광경을 보고 내가 무서워 벌벌 떨고 있을 때, 이상한 광채가 내 눈에서 번뜩 비치더니 검은 그림자들은 온데간데없고 흰옷 입은 천사들이 큰 칼을 들고 사람들을 에워싸고 있었다.

잠시 후 그 천사들이 날쌔게 하늘과 땅을 오르락내리락하더니 붉은 십자가가 희한하게도 이상한 구름 속으로 사라지자, 땅 아래서 벌벌 떨고 있던 사람들 중 3분의 1 정도의 사람들이 갑자기 공중 구름 사이로 사라져 버리는 것이었다. 그와 동시에 하늘에서 우박 같기도 하고 돌 같기도 한 불덩이가 비처럼 쏟아지자 불덩이를 맞은 지구가 불타기 시작했다. 이글이글 타오르는 불 속에서 아우성치는 수많은 사람의 모습은 차마 눈 뜨고는 볼 수 없는 참혹한 광경이었다. 나는 두 손으로 눈을 가리고 안타까워 발을 동동 굴렀다.

어느덧 나는 분리된 영이 돌아와 이상한 환상에서 깨어났다.

그런데 또 색다른 한 사건이 내게 충격을 던져 주었다. 하나님이 권능을 발하사 희한하고 강한 진동이 있게 했는데, 선풍기가 돌아가듯 강하고 빠른 진동이 각양각색(손, 발, 머리)으로 움직이더니 내 입술에서부터 "회개하라 천국이 가까이 왔느니라"는 큰 소리가 터져 나왔다. 그 소리는 마치 악을 쓰는 것 같았다. 그래서 나는 놀라 절제하려고 하는데, 그 순간 위에서부터 음성이 들려왔다.

"사랑하는 나의 딸, 나의 종아, 절제하지 말아라. 그것은 내가 너에게 마지막 되어질 예언을 하는 것이니, 그 예언대로 이루어지리라."
"주여, 저에게 예언의 능력을 주시는 것입니까?"
"오래전부터 이미 주었거니와 앞으로 더욱 상하게 역사하리라."
"주여, 저에게 예언의 능을 주셨으되 부분적으로 주셨으므로 제가 궁금한 것들이 있나이다."

"말하라, 알게 하리라."

(성도들과 교회 사명자들에 대한 예언의 말씀은 생략)

"잠시 후면 너는 세계 강단에 서게 될 것이며, 사모들 앞에 서게 될 것이며, 네가 쓴 책이 세계적인 책이 되게 하리니 기적을 이룬 후라."

"주여, 저 같은 것이 어찌 그 같은 일을 할 수 있으리까? 저는 할 수 없나이다."

"너는 어찌 내가 기뻐한 것을 싫다 하느냐? 그것은 겸손이 아닌 불순종의 죄임을 알지 못하느냐? 인간에게 미덕이 될지 모르나 내게는 결코 미덕이 되지 못한다는 사실을 알지 못했더냐? 그것은 불순종의 죄이다. 너는 내 무기라. 이때를 위해 고난 속에 연단케 했으며 수많은 사망에서 건졌느니라. 내가 너를 쓰려함은 사모의 사명이 막중함 때문이요, 또 내가 네게 오래전에 강한 능력을 주었으되, 사모의 덕을 지키기 위하여 강한 능력까지 감추며 간직했기 때문이며, 교회의 사랑과 평화를 위해 억울함을 참으며 강하고 급하고 교만한 성격까지 죽였기 때문이다. 또한 주의 종에게 용기와 지혜로 잘 내조하였으며, 네 은밀한 구제가 하늘에 상달되었기 때문이요, 급한 마지막 시대이기 때문이니, 너는 지체하지 말고 일어나 빛을 발하라. 때가 악하구나. 네 모든 것을 밝히 알게 하여 사모들로 하여금 아름다운 빛을 발하여 내 기쁨이 되게 하라. 오늘날 교회는 마땅히 해야 할 일은 하지 아니하고, 하지 않아야 할 일을 하고 있으니 내 어찌 분노하지 않겠느냐?"

"주여, 마땅히 해야 할 일은 무엇이오며, 하지 말아야 할 일은 무엇이오니이까?"

"마땅히 해야 할 일은 병들고 가난하고 소외된 자들의 친구가 되는 일이며, 이웃을 사랑하여 복음을 전하고, 어두움을 물리치고 빛의 사명을 다하는 일인데, 교회들이 내가 기뻐하는 일은 하지 아니하고, 오로지 빌딩 같은 큰 교회 건축하는 일에만 급급하고 있으며, 용서와 이해와 사랑으로 평화를 이루어야 할 교회가 교권 다툼과 분쟁과 분열로 사랑과 평화가 파괴되어 가고 있으니, 내 어찌 분노하지 않겠느냐? 교회가 마땅히 해야 할 사명을 다하지 않은 연고로 환난을 만나리니 극심하리라. 믿는 자를 보겠느냐? 참 종을 보겠느냐? 때가 이르면 주의 종들의 죄와 타락한 성도의 죄 때문에 이 나라에 피 흘리는 역사가 계속될 것이며, 고난이 있으리니 종을 대적하는 성도들이 있으리라. 그러나 아무도 나의 종을 간섭하지 말게 하라. 이는 나의 종이니 내가 간섭하리라. 설령 죄 때문이라 해도 간섭하지 못하리니, 간섭하는 자를 먼저 치리라. 그 후에 종도 치리니 너는 이 사실을 알게 하라. 여기에 사모의 사명이 있으니, 너는 외치는 자의 소리가 돼라."

"하오나 주여, 『사모학』을 쓴 지도 몇 달 안 됨을 주님은 아실 것입니다. 사모는 목사 뒤에 내조해야 한다고 해놓고, 제가 어찌 파괴할 수 있으리까?"

"『사모학』을 네가 쓴 줄 아느냐?"

"제가 썼음을 주께서 아십니다."

"내가 쓰게 했느니라."

"…주여, 기적을 이루어 주신다는 말씀은 무엇이오니이까?"

"너의 남편의 간구와 네가 나를 위해 눈을 팔았기 때문에 기적을 이루어 주려 하는 것이다."

"주여, 제가 언제 눈을 팔았나이까? 제 두 눈이 이렇게 있지 않습니까?"

"네가 팔려고 생각하며 바치고 싶은 간절한 마음이 있을 때 이미 받았느니라."

"제 두 눈을 바치지도 않았는데 저에게 그 같은 은총을 주시니 부끄러워 견딜 수 없나이다. 주여, 저는 가난하여 가진 것이 없나이다. 작은 선물 받은 것이 있으니 다이아 반지와 카메라를 바치겠나이다. 그런데 주님, 그 기적은 언제 있겠나이까?"

"그것은 네가 알 바 아니요, 다만 기도하라. 때가 되면 역사하리니 순종하기만 해라. 그러면 너희에게 크고 놀라운 기적이 일어나리라. 틀림없이 이루어질 것이요, 마지막 때 큰일을 하게 하리라."

"잠시 잠깐 후면 대환란이 있으리니, 지금은 고난의 시작이라. 그날에는 성경을 읽고 싶어도 읽을 수 없고, 기도할 수도 찬송할 수도 없을 것이며, 금식 아닌 자동 금식하는 때가 오리니, 사탄의 때라. 그러나 마지막까지 충성을 다하는 자들은 기근에서 보호될 것이며 환란을 당할 즈음 들림(휴거)을 받으리니, 물과 성령으로 거듭난 자들이라. 심판이 시작되었느니라. 너는 이 일을 위해 40일 금식으로 무장하라."

"주여, 연약한 제가 어찌 40일 금식할 수 있으리까? 하다가 죽겠나이다."

"오래전부터 이미 금식의 소명을 주었으되, 하지 아니했으므로 고난이 있으리라. 그러나 금식의 능력을 주리니 할 수 있으리라. 또한 남편도 40일 금식으로 무장케 하리니 이는 영광의 순교자이기 때문이다."

"네? 주여. 제 남편이 순교자의 사명이 있다는 말씀입니까?"

"그것이 내 뜻이거늘 어찌 두려워하느냐?"

"언제 그 일이 있으리까?"

"그것은 네 알 바 아니요, 다만 너는 기도하고 기다리라. 사랑하는 나의 종, 나의 딸아, 때가 급하구나. 너는 네가 보고 듣고 체험한 그대로 기록하되 숨김없이 기록할 것이니, 그대로 말하여라. 너는 외치는 자의 소리가 될지라. 네가 저주하는 자는 내가 저주할 것이며, 네가 축복한 자를 내가 축복하리니, 두려워하지 말고 담대하라. 천국이 가까이 왔음을 알게 하고 회개하여 준비토록 하라."

이 글은 자랑도 겸손도 아닌 내가 체험한 그대로 기록했을 뿐이다. 이것은 사의라기보다는 하나님의 명령에 순종하는 의미에서 기록한 것이라고 해야 옳을 것이다. 이 책을 읽는 독자 여러분은 제발 내 말을 주의 깊게 새기며 기도하는 마음으로 읽기를 권하고 싶다. 이 사실 그대로를 믿는 것이 지혜로울 것이다. 지금은 뱀처럼 지혜롭고 비둘기처럼 순결하고 하나님을 아는 지식이 필요한 때이다.

"내 백성이 지식이 없으므로 망하는도다 네가 지식을 버렸으니 나도 너를 버려…"(호 4:6).

서문

"주께서 호령과 천사장의 소리와 하나님의 나팔 소리로 친히 하늘로부터 강림하시리니 그리스도 안에서 죽은 자들이 먼저 일어나고 그 후에 우리 살아남은 자들도 그들과 함께 구름 속으로 끌어 올려 공중에서 주를 영접하게 하시리니 그리하여 우리가 항상 주와 함께 있으리라"(살전 4:16-17).

"보라 주께서 수만의 거룩한 자와 함께 임하셨나니 이는 뭇 사람을 심판하사 모든 경건하지 않은 자가 경건하지 않게 행한 모든 경건하지 않은 일과 또 경건하지 않은 죄인들이 주를 거슬러 한 모든 완악한 말로 말미암아 그들을 정죄하려 하심이라 하였느니라"(유 1:14-15).

"…그러나 주의 날이 도적같이 오리니 그날에는 하늘이 큰 소리로 떠나가고 물질이 뜨거운 불에 풀어지리니 … 너희가 어떠한 사람이 되어야 마땅하냐 거룩한 행실과 경건함으로 하나님의 날이 임하기를 바라보고 간절히 사모하라 그날에 하늘이 불에 타서 풀어지고 물질이 뜨거운 불에 녹아지려니와 우리는 그의 약속대로 의가 있는 곳인 새 하늘과 새 땅을 바라보도다"(벧후 3:10-13).

'마라나타' 주 예수여 어서 오시옵소서!

모든 것이 주 하나님께서 말씀하신 대로 다 이루어졌지만 재림은 아직 이루어지지 않았다. 그러나 마지막 때 있을 기근, 지진, 질병, 전쟁, 환란과 같은 징조 등이 재림이 임박함을 말해주고 있다.

그리고 나에게도 재림을 더 이상 늦출 수 없는 급한 마지막 시대가 다 되었다고 말씀하시고, 이 사실을 알리라 하셨다. '말세에 믿는 자를 보겠느냐? 참 종을 보겠느냐?' 하시며 사랑과 믿음이 식어지고 변질되고 타락하게 될 것임을 알게 하시며, 시험에 빠지지 않도록 깨어 기도해야 하고, 목숨을 걸고 믿음을 지키고 사명을 잘 감당해야 함을 깨우쳐 주셨다.

그러므로 우리 모두 새벽잠을 깨고 각자 받은 사명과 믿음을 지키고 마라나타 재림 신앙으로 무장해야 할 것이다. 잠깐 잠시 후에 다시 오마 약속하신 주님께서 전군 전사를 거느리고 나팔 소리와 함께 구름 타고 오실 때 기쁨으로 신랑 되신 예수님을 영접할 수 있는 신부 성도들이 되어야 할 것이다. 그런데 피로 값 주고 산 교회들이 세속화되어 가고, 믿는 자들이 첫사랑을 잃어버리고 타락하고 변질되어 가고 있다고, 회개하고 회개에 합당한 열매를 맺어야 산다고 전하라 하셨다.

정말 우리가 살고 있는 이 시대는 영적으로 어두웠던 아모스 시대와 같고, 오늘날 교회 모습은 아모스 시대의 이스라엘 교회같이 어둡기만 하다. 이둠과 침묵의 시대이다. 이 나라 이 민족과 세상 만민을 구원해야 할 영광스런 사명을 받은 한국교회가 교회 주인이신 주님으로부터 책망받고 있었다. 그래서인지 가는 교회마다 기도회가 있고 성경 공부가 있고 목회자들이 있었지만, 성령이 충만한 교회를 찾아보기 힘들었다. 이런 말을 전해야 하는 내 사명이 참 힘이 든다. 그러나 그 누가 절대자 전능하신 창조주 하나님의 명을 거역할 수 있겠는가?

그런데 또 청죽교회를 말세 교회들에게 교훈이 되게 하고 경종이 되게 하기 위해 세우시고 지키셨다 하시며, 너를 쓰려고 가난과 질병으로 연단하였고, 수많은 사망에서 건졌다 하시며, 네가 보고 듣고 체험한 모든 것을 하나도 빠짐없이 사실 그대로 기록하고 알리라 하셔서 불편한 현실을 기피하고 싶어 못 본 척 못 들은 척 교묘하게 피해 보려고도 해보았지만, 단 한 번의 불순종도 그냥 지나가지 않으셨다.

그리하여 나의 걸어온 파란만장했던 삶을 이 작은 책에 담아보았다. 두렵고 떨리는 마음을 달래며 떨리는 손으로 준비해 보았다. 이 떨림이 고스란히 하나님의 뜻이기를 소망하며 시작의 문을 연다. 못나서 부끄럽기만 했던 부족한 저의 삶을 보지 마시고 제 삶을 통해 역사하셨던 하나님을 경험하시길 간절히 기원하며 나의 부족함을 주님께 맡긴다.

〈영광스런 사명을 받은 한국교회〉

1884년도에 생명의 복음이 전해진 이래 한국교회도 130년이 지난 역사가 되었다. 그런데 어인 까닭인지 생명의 복음으로 인한 기쁜 소식은 들려오지 않고 각처 교회에서 들려오는 소리는 부정적인 것이었다.

1960년대 무리한 개발의 피해가 1980년대에 드러나고, 성공지상주의 피해가 자연 파괴로 인한 지구의 온난화로 기후 변화를 일으켜 인류의 자멸을 초래하는 우를 범했던 것처럼, 교회의 무리한 건축으로 인한 피해가 여기저기에서 터져 영광스러운 사명을 받은 한국교회가 교회 주인이신 주님으로부터 책망받는 부끄러운 모습으로 드러나게 되었다. 무리한 교회 성장기의 피해가 요즈음 두드러지게 나타나 보인다.

 교회 세습, 교회 이기주의, 만사형통만 부르짖던 기복신앙, 깊은 패배주의, 화석 된 신앙 등 헤아릴 수 없는 아픔들이 이 땅의 고민이 되었다. 무너짐이 없는 세움, 낮아짐이 없는 높음, 비움이 없는 채움, 자기 부인, 자기 부정이 없는 긍정적인 신앙(무조건하면 된다)의 결과들이다.

 복음이 무엇인가?

 나는 죄로 말미암아 죽을 수밖에 없는 죄인이란 것을 가르쳐주는 것이 복음이다. 내가 죄인이란 것을 모르는 사람은 복음이 무엇인가를 모르는 사람이다. 그리고 복음의 씨앗이 싹트려 할 때 있게 될 영적 갈등, 즉 영과 육이 싸울 때 복음의 능력으로 육신의 생각을 잘 물리쳐야 한다. 육의 생각은 사망이요, 육신은 하나님과 원수가 되기 때문이다.

 한때 건축하여 교회만 세워 놓기만 하면 저절로 신자들로 채워지는 교회 부흥 전성시대가 있었다. 그래서인지 너도나도 앞다퉈 교회 건축하려는 붐이 일어났었다. 다 그런 것은 아니지만 건축할 힘이 없는데도 불구하고 무리하게 빚을 내어 건축하는 교회들이 적지 않았다. 그리고 한때 큰 교회를 이루고 신자가 많고 헌금이 많이 나오고 생활비나 목회비를 많이 받는 목회자를 성공적인 목회자, 성공적인 교회라고 불렀던 시대가 있었다. 과연 그런 것인가?

그런데 문제는 교회의 주인 되신 주님께서 평가하시는 성공 기준의 잣대는 전혀 달랐다. 뿐만 아니라 마땅히 해야 할 사명은 하지 않고 교회 건축만 한다고 슬퍼하시며 책망하셨다. 큰 교회라고 책망하심이 아니었다. 큰 교회를 이루기가 얼마나 어려운 일인가를 주님이 아신다. 필자 또한 잘 알고 있다. 무리하게 건축하려는 일로 성도들의 영혼을 소홀히 하는 교회들을 향한 책망의 소리였다.

오직 복음으로 성도들의 영혼을 책임지고 천국까지 인도하는 선한 목자의 사명을 다하기 위해 기도에 힘쓰며 전도에 힘쓰는 교회들이 많이 있음을 주님이 아신다. 열악한 농어촌 교회를 돕기 위해 힘쓰며, 병들고 가난한 이웃을 도우려고 힘쓰는 교회가 많이 있음을 주님이 알고 계셨다. 있는 양식을 나누어주듯, 교회를 세워 후배들에게 물려주며 성도도 나누고 물질도 나누며, 많은 영혼 구원하기를 위하여 힘쓰고 애쓰는 교회들이 많이 있음을 주님이 알고 계셨다. 목회보다 몇 배 힘든 선교사역을 하고 계시는 선교사들을 돕기 위해 선교사 자녀들의 교육을 돕고 선교를 도와주기 위해 힘쓰는 교회가 많이 있음을 주님은 알고 계셨다.

그리고 이러한 의롭고 선한 일에 앞장서는 많은 목회자에게 "잘했다. 충성된 종아." 하시며 기뻐하셨다. 오로지 주의 뜻을 이루기 위해 선한 목자의 사명을 다하는 교회들이 아직 남아 있기에 소망이 있다 하셨다. "충성된 종아, 내가 너에게 생명의 면류관을, 의의 면류관을, 영광의 면류관을 훗날 씌워 주리라."고 하셨다.

그러나 다는 아니었다. 첫사랑을 잃고 초심을 잃어버리고 타락하고 변질되어 탐욕과 음란의 죄로 영광스러운 십자가를 욕되게 했다고 책망하시며, 못된 목자라고 말씀하시며, 빨리 돌이켜 회개하지 않으면 무섭게 찢으시겠다고 심판의 경고를 받고 있는 교회도 있었다. 이 나라 이 민족을 구원하고 세계 만민을 구원해야 할 영광스런 사명을 받은 한국교회가 책망받는 한국교회 모습으로 드러나게 되었다. 그런 일이 있는 후 교회 부흥 전성시대는 사라지게 되었다. 심지어는 문 닫는 교회들이 속출하는 목회하기 힘든 시대가 되고 말았다. 그런 생각을 하면 후배 목사님들과 선교사님들이 얼마나 힘드실까 염려되어 눈물이 흐르곤 한다.

이 시대를 보면 꼭 아모스 시대의 이스라엘 교회를 보는 것 같다. 아모스 시대의 이스라엘 백성이 하나님이 부르짖는 음성을 듣지 못했던 것처럼, 오늘날 한국교회의 양상이 꼭 아모스 시대의 이스라엘 백성같이 "깨어나라! 일어나라! 신부 단장 시켜라! 주의 길을 예비하라!" 애타게 부르짖고 계시는 주님의 음성을 듣지 못하는 어두움과 침묵의 시대이다.

그 때문에 근래의 한국교회는 영성의 돌풍에 휩싸여 있다. 영적 갈급함에 허덕이며 돌파구를 찾고 있다. 영성 회복은 나의 죄인 됨에서 찾아야 한다. 죄인은 변명이 없다. 처분만 바란다. 나의 죄인 됨을 뼈저리게 깨닫는 만큼 자신에 대해 깊이 절망한 만큼 복음의 능력과 구원의 기쁨은 커지는 것이다.

이 구원의 기쁨을 맛보는 자들을 정금 같이 쓰시기 위해 하나님이 광야학교에 입학시키신다. 그들을 시련과 연단을 통해서 정금 같이 만드신다. 이 시련과 연단의 긴 터널을 지난 후에야 영적 용사로 거듭나게 된다. 육에 속한 그리스도인들은 영에 속한 그리스도인으로 만드시는 중생체험, 성령체험을 하게 하여 그리스도 군사로, 군대로 쓰임 받게 하신다. 만사형통을 부르짖던 저속한 신앙인에서 어떠한 난관에도 그것을 뚫고 나가는 충성된 종이 되는 것이 하나님의 간절한 소원이다. 무기력한 성도를 힘 있는 성도로, 성도다운 성도로, 성직자다운 성직자로 만드시고 쓰시기를 기뻐하시는 하나님이시다.

그러므로 우리 모두 하나님이 주신 시련과 연단을 잘 극복해야 한다. 이것이 믿음으로, 바른 복음으로 새롭게 거듭나게 하는 중생체험이다. 육에 속한 그리스도인들을 영에 속한 그리스도인들로 변화시켜, 가정을 변화시키고, 이 나라 이 민족을 변화시키고 구원시킬 수 있는 힘 있고 능력 있는 신앙생활을 하게 하여, 이 나라와 이 민족을 구원하고, 세계 만민을 구원하라고 주님께서 몇 번이고 부탁하셨다.

성령의 사람 영의 사람으로 변해야 산다고 계속 강조하셨다. 옛사람을 벗어버리고 새사람이 되어 우리 삶으로 구원받은 믿음을 아름다운 열매로 보여주어야 한다.

그러기 위해서는 육에 속한 그리스도인들은 정신 차리고 매일매일 말씀을 묵상하고 읽어야 하며, 기도하는 일에 힘써야 하며, 담임목사님 설교에 귀를 기울이고, 말씀대로 지켜 행해야 한다. 그리하면 복음에는 능력이 있으므로 때가 되면 자기도 모르게 믿음이 쑥쑥 자라 변하여 새사람이 되는 놀라운 신앙 경험을 하게 될 것이다. 그런데 교회

다닌 지 10년, 20년이 되었음에도 영적 깊은 잠에 빠져 있는 성도들을 보면 참 안타깝기만 하다. 우리는 덤으로 사는 인생이므로 잠깐 왔다 가는 이 세상에 미련을 두지 말고 주님이 계신 영원한 세계를 위해 생명 바쳐 최선을 다해야 한다.

아름다운 열매 맺는 믿음 생활을 하고 있음을 삶으로 보여 줄 수 있는 것을 주님이 인정하고 기뻐하신 믿음 곧 구원받는 생명 있는 믿음임을 분명하게 말씀해 주셨다. 그러므로 말씀대로 지켜야 한다는 진리 말씀을 철저히 가르쳐 지켜 행하도록 해야 한다고 하셨다.

그리고 우리가 말씀을 지키면 말씀이 우리를 지키신다는 사실도 알게 하셨다. 그러므로 믿음은 곧 순종이며, 실천으로 옮겨야 한다는 사실을 절대 잊지 말고, 행함 있는 믿음을 보여줘야 한다. 그리하면 내가 먼저 변화 받고, 내 가정과 직장과 이 나라 이 민족을 변화시켜 모두 구원받을 수 있다 하셨다.

성령의 사람이 된 특징은 온유하고 겸손하다. 절대 남을 헐뜯고 비난하지 않는다. 비판하고, 시기하고, 질투, 미움, 분쟁, 분열은 마귀가 좋아하는 일일 뿐 성령의 사람들은 오직 사랑과 구원의 역사와 거룩의 열매로 의롭고 선하게 화평의 열매만 맺게 된다. 내 안에 의와 진리와 거룩함이 있으므로 거룩한 열매만 맺게 된다. 아름다운 열매만 맺게 한다. 그러나 반대로 아름다운 열매를 맺지 못하면 찍혀 지옥 불에 던짐을 받게 된다는 사실을 잊지 말아야 한다.

하나님은 심는 대로 거두시는 공의의 하나님, 심판의 하나님임을 잊지 말라. 지옥은 참으로 끔찍한 곳이었다. 절대 못된 열매를 맺어 찍혀 지옥 불에 던짐받는 일이 없도록 해야 한다.

 믿음으로 의롭게 된 자들도 연약한 인간이므로 잠시 실수, 실덕할 수 있다. 그러나 즉각 뉘우치고 돌이켜 회개하고 회개에 합당한 열매를 맺어야 한다. 믿음으로 의롭게 하심을 받는 의인화, 성화를 이루어 성령의 아름다운 열매를 맺으며 복되게 사는 것을 주님은 원하시고 기뻐하신다.

 죄악으로 가득 찬 이 세상에서도 시시각각으로 죄의 유혹을 받으며 살아야 하는 무서운 시대에서도 의인화, 성화를 이룬 사람들은 내 안에 의와 진리와 거룩함이 있으므로 죄의 유혹을 물리치며 살 수 있고 죄를 다스리며 살 수 있으며 아름다운 열매를 맺을 수 있다. 이것이 진정한 의미에서 성공적인 목회자, 성공적인 교회라고 주님이 인정하는 교회에서 일어나는 주님이 주신 축복의 은총의 역사이다.

 기독교가 구원의 종교임을 알리기 전에 성도들의 안위를 걱정하고, 성도들의 삶을 평안케 하는 교회 공동체임을 보여줘야 한다. 주님을 믿는다면서 우리들의 삶을 통해 보여주지 못하는 것은 영광스러운 주님의 십자가를 욕되게 하는 것임을 잊지 말아야 한다. 반드시 복음의 능력으로 변화 받아 의로운 우리의 행위를 삶으로 보여줄 수 있는 것이 생명 있는 구원받는 믿음임을 성도들에게 철저하게 가르쳐야 한다는 것을 잊지 말아야 한다. 우리 모두 이러한 아름다운 열매만 맺는 교회, 성직자, 성도 되기를 소망하고 기도한다.

 이 글을 쓰려고 할 때 문뜩 "나더러 주여주여 하는 자마다 다 천국에 들어가는 것이 아니요 다만 하늘에 계신 하나님 뜻대로 행하는 자가 천국에 들어가리라"는 말씀과 "아름다운 열매를 맺지 아니하는 나무마다 찍혀 불에 던져지느니라"는 말씀이 떠오르게 하셨다.

"그러므로 우리가 믿음으로 의롭다 하심을 얻었은즉 우리 주 예수 그리스도로 말미암아 하나님으로 더불어 화평을 누리자"(롬 5:1).

"너희가 그 은혜를 인하여 믿음으로 말미암아 구원을 얻었나니 이것은 너희에게서 난 것이 아니요 하나님의 선물이라 행위에서 난 것이 아니니 이는 누구든지 자랑치 못하게 함이니라"(엡 2:8).

"우리가 알거니와 우리 옛사람이 예수와 함께 십자가에 못 박힌 것은 죄의 몸이 멸하여 다시는 우리가 죄에게 종노릇 하지 아니하려 함이니"(롬 6:6).

"너희 육신이 연약하므로 내가 사람의 예대로 말하노니 전에 너희가 너희 지체를 부정과 불법에 드려 불법에 이른 것 같이 이제는 너희 지체를 의에게 종으로 드려 거룩함에 이르라"(롬 6:19).

〈천국과 지옥의 실체(파수꾼의 사명)〉

50년 전 광주 제중병원(지금의 기독교 종합병원)에 융모상피암과 백혈병으로 입원하여 조직검사를 하기 위해 마취를 하던 중 내가 죽었다가 깨어난 일이 있었다.

그때 사후세계를 체험하게 되었는데, 하늘 문이 열리더니 금빛 찬란한 무지개가 펼쳐지고 심히 아름답고 고운 빛이 내 위에 비치더니 죽어 누워있는 내 몸에서 똑같이 생긴 내 영혼이 빠져나와 강렬한 빛을 따라 하늘로 높이 솟아 나르고 날아 도착한 곳은 사람이 죽으면 누구나 다 가게 된다는 사후세계였다.

그곳에서 죽은 몸에서 빠져나온 수많은 영혼이 하나님의 심판대 앞에서 심판을 받아 한 사람은 마귀에 끌려 지옥으로 떨어지고, 한 사람은 구원을 받아 천국에 들어가 천사들의 시중을 받으며 왕자, 공주처럼 사는 모습을 볼 수 있었다. 지옥과 천국 사이에는 깊고도 넓은 큰 웅덩이가 있어 이리 오고자 해도 올 수 없고 저리로 가고자 해도 갈 수 없었다.

천국은 각종 보석으로 꾸며진 심히 곱고 금빛 찬란한 곳이었고, 세상에 있는 햇빛이 필요 없는 주님 몸에서 나오는 아름다운 빛과 하늘 영광 보좌에 앉아 계신 하나님 영광의 빛으로 밝고 아름다운 곳이었으며, 천군 천사들과 함께 거룩하신 주님을 찬양하고, 거룩하신 보좌에 앉아 계신 하나님께 영광을 돌리는 찬송을 하며, 천사들의 시중을 받으며, 왕처럼 왕비처럼 행복하게 살고 있었다.

반면 지옥은 안개와도 같고 연기와도 같은 것이 계속 뿜어 나오는 으슥하고 어두컴컴한 곳이었다. 수많은 영혼이 뜨겁게 타오르는 유황불 속에서 "앗! 뜨거워! 앗! 뜨거워!" 하면서 이리 뛰고 저리 뛰며 상상도 할 수 없을 만큼 끔찍한 지옥의 형벌을 받고 있는 모습을 볼 수 있었다.

그런데 내가 아는 교회 중직자 몇 명이 구원받은 줄로만 알았는데 구원받지 못하고 지옥에 떨어져 형벌을 받는 것을 보고 큰 충격을 받아 마음이 너무 아프고 혼란스러워 나도 모르게 온몸에 힘이 빠지면서 주저앉게 되었다.

'교회의 최고 직분자라 할 수 있는 중직자들조차 구원받지 못한다면 누가 구원받을 수 있단 말인가!'

충격을 받고 슬피 울고 있는데 그때 떠오르는 말씀이 마태복음 7장 21절에 기록된 말씀이었다. "나더러 주여 주여 하는 자마다 다 천국에 들어갈 것이 아니요 다만 하늘에 계신 내 아버지의 뜻대로 행하는 자라야 들어가리라"는 말씀이 떠오르며 계속 떠오른 말씀이 있었으니 "그 날에 많은 사람이 나더러 주여 주여 우리가 주의 이름으로 선지자 노릇하며 주의 이름으로 귀신을 쫓아내며 주의 이름으로 많은 권능을 행하지 아니하였나이까 하리니 그때에 내가 그들에게 밝히 말하되 내가 너희를 도무지 알지 못하니 불법을 행하는 자들아 내게서 떠나가라 하리라"(마 7:22-23), "좋은 나무가 나쁜 열매를 맺을 수 없고 못된 나무가 아름다운 열매를 맺을 수 없느니라 아름나운 열매를 맺지 아니하는 나무마다 찍혀 불에 던져지느니라"(마 7:18-19)는 말씀 등이 떠오르게 하시더니 곧이어 하나님의 음성이 들려왔다.

"이런 사실을 알리기 위해 죽은 너를 살려 다시 세상에 보내는 이유라." 하시며 "사명이 남았으니 세상으로 다시 돌아가서 하나님의 교회들에게 이 사실을 알리라! 성도들에게 알리게 하라!"

나는 가난과 수많은 질병으로 고통을 당하고 살아야 하고, 아픔도 고통도 많고, 무시 받은 이 세상이 정말 싫고 싫어서 "사명이 남았으니 세상으로 다시 돌아가야 한다."고 하신 예수님의 간절한 애원도 외면하면서 싫다고 도망만 다녔다. 그러자 예수님은 나를 붙잡아 세상을 향해 던졌고, 공처럼 데굴데굴 굴러 죽어 누워있는 내 육체에 내 영혼이 쑥하고 순간적으로 들어가자 죽어있던 내가 벌떡 일어나게 되었고, 이에 놀란 의료진들은 기적이 일어났다고들 좋아했었다.

다들 죽은 줄 알았던 내가 살아나자 기뻐했지만 나는 하나도 기쁘지 않았고 엉엉 목 놓아 울기만 했다. 춥고 배고프고 아프고 고통스럽고 서럽고 외롭기만 한 이 세상에 또 오다니, 꿈속의 낙원 같았던 그 좋은 천국이 너무 좋고 좋아서 기쁘고 행복해서 어린아이처럼 뛰놀며 "주님! 이렇게 좋은 천국을 놔두고 안 죽으려고 몸부림친 저는 정말 바보인가 봐요!" 하며 처음으로 느껴본 감격스러운 기쁨, 벅찬 감격, 처음으로 참된 행복을 만끽하며 나 같은 것을 구원하기 위해 피 흘려 십자가에서 죽으신 주님의 은혜로 구원받고 천국에 들어갈 수 있었기에, 천군 천사들과 함께 감사 찬송하며 거룩하신 하나님께 영광만 돌리며 천사처럼 찬송만 하고 살았던 꿈속의 낙원 같은 그 좋은 천국에서 괴로운 이 세상으로 다시 오게 되다니 하늘이 무너져 내린 것 같았다

모두 내가 살아났다고 기뻐했지만, 나는 하나도 기쁘지 않아 도리어

마음이 쓰리고 아파 통곡하며 큰소리로 슬피 울고 또 울며 펑펑 울기만 했었다. 그런데 암이 하나도 아니고 두 개의 암으로 온몸에 암세포가 퍼져 곧 죽게 될 것이라고 사형선고와 같은 진단이 내려진 상태에서 피를 토하며 죽어가던 내가 죽었다가 다시 살아왔으니 병원에선 큰 화제가 되었다. 불쌍한 환자로 낙인찍혔던 내가, 죽은 줄 알았던 내가 살아나자, 말도 안 했는데 "예수 믿고 죽으면 구원받고 천국에 들어갈 수 있지만, 안 믿고 죽으면 지옥 간데." 하는 말들이 떠돌며 어떻게 해야 구원받고 천국에 들어갈 수 있느냐고 물으려고 내게 줄을 이어 많은 사람이 찾아왔었다. 그리하여 '주 예수를 믿으라 그리하면 구원받아 영생 복락을 누리게 된다'는 말씀을 알려주었다.

 그때 많은 사람이 교회에 나가 신앙생활을 하겠다는 말을 들을 수 있었고, 구원의 길을 알려주어 정말 고맙다는 말을 들을 수 있었다. 하나님이 나를 통해 수많은 영혼과 생명을 살리게 될 것이라고 하신 말씀대로 이루어진 것을 보면서 하나님께서 이 일을 하도록 하시기 위해 나를 살려 세상으로 보내셨다는 것을 분명하게 깨달을 수 있었고, 수많은 영혼을 구하고 생명을 살리기 위해 나를 살리셨다는 사명을 깨달으며 그때야 비로소 기뻐할 수 있었다. 나 같은 것을 통해 이 일을 하도록 하신 하나님께 비로소 감사할 수 있었다.

 나는 사후세계에서 예수 믿고 구원받는 것이 얼마나 큰 복인지, 우리를 구원하기 위해 예수님이 지신 십자가의 은혜가 얼마나 큰 은혜인지 절실하게 깨닫게 되었다. 또한 성령의 사람이 되는 것이 얼마나 중요하고 크고 놀라우신 은혜인가를 깨닫게 되어 직분을 가지고 있는 성도들이 찾아오면, 믿음이 자라야 하며 반드시 물과 성령으로 거듭남의 체험을 통해 변하여 옛사람이 아닌 새사람이 되어야 한다는 말을 들려 주었다.

그리고 신부 단장을 해야 한다는 사실도 알려 주었다. 잠시 잠깐 후면 다시 오마 약속하신 예수님께서 그 약속하신 대로 천군 천사들을 거느리시고 구름 타고 오실 때 '오 주여! 어서 오시옵소서!' 신랑 되신 예수님을 기쁨으로 맞이할 수 있도록 신부 단장해야 한다고, 그렇지 않으면 대환란 때 휴거 되지 못하여 끔찍한 대환란을 겪게 될 것이라고 힘주어 알려 주었다.

반드시 주님을 인격적으로 만나 예수님을 닮아가는 아름답게 열매 맺는 삶, 그리스도의 향기를 나타내고, 그리스도를 닮은 거룩한 삶으로 행함 있는 아름다운 믿음을 보여 줄 수 있는, 육신에 속한 그리스도인이 아닌 영에 속한 그리스도인으로서 그리스도의 군사로서 쓰임 받을 수 있도록 성숙한 분량에 이르러야 한다고 힘주어 알려주었다. 그리고 재림의 때가 가까이 왔으므로 준비해야 함을 알려주었다.

그런데 놀랍게도 많은 사람이 이 말을 들으려 하지도 않았고 귀를 기울이지도 않았다. 슬기로운 다섯 처녀처럼 항상 깨어 기도하고 등에 기름이 떨어지지 않도록 준비하고 대비하며 살아야 한다는 사실 또한 알려 주었지만 많은 사람이 별로 듣고 싶어 하지 않아 놀라웠다. 많은 사람이 천국과 지옥에 관심을 갖고 알고자 묻고 또 묻고 했는데, 재림에 대해서는 관심을 갖지 않고 귀담아듣지 않아 참으로 놀라지 않을 수 없었다.

 들고 싶어 하지 않는데 계속 말하기 힘들었지만, 듣든지 아니 듣든지 계속 외치라 하셔서 계속 말하기는 했지만, 참으로 힘들고 어려운 일이 아닐 수 없었다. 분명 잠시 잠깐 후에 다시 오마 약속하신 신랑 되신 우리 주님이 재림주로 천군 천사를 거느리시고 오실 텐데 준비하지 않으면, 신부 단장하고 대비하지 않으면, 아담과 하와의 불순종한 죄 때문에 합법적으로 공중의 권세를 잡고 세상의 임금 된 사탄이 왕 노릇 하는 사탄 시대에서 끔찍한 일을 당할 텐데 참으로 큰일이 아닐 수 없었다. 끔찍한 사탄 시대에서 손이나 이마에 짐승표 666을 찍지 않으면 매매할 수 없어 굶어 죽게 될 텐데, 어떻게 살려고 관심을 갖지 않는지 안타까울 뿐이었다.

 그 당시에 하나님께서 명령하신 대로 『대심판』에 이 사실을 기록하여 알렸고 강단에서도 알렸었다. 그리고 하나님께서 나를 무기로 사용하시려고 놀라운 능력을 주셔서, 수많은 강단에서 말씀을 증거할 때, 성도님들이 어떤 때는 쓰러지고, 뒤집어지기도 하고, 가슴을 치며 회개하는 등 회개의 불길이 타오르게 하시기도 하고, 성령의 불길이 타오르게 하사 마치 초대교회에서 성령의 역사가 강하게 나타나게 하셨던 것처럼 강하게 역사하는 교회도 있었는데, 많은 은혜를 체험한 많은 성도들이 다시 와 달라고 간청했지만 두 번은 가지 않는다고 거절했었다.

 그런데 어떤 교회에서는 똑같이 기도로 준비하고 갔지만 역사하심이

나타나지 않아 방해하는 악한 세력이 있는 것 같다고 했더니 지난번 부흥회 때도 부흥사님이 똑같은 말씀을 하셨는데 왜 그럴까 근심하는 담임목사님 부부의 모습을 보고 참으로 마음이 아팠는데, 왜 그런 일이 있게 되었는지 아직까지 몰라 궁금하기만 하다. 내가 마음대로 할 수 있는 일이 아니고 그저 나는 주님의 도구, 무기로 사용되고 있기 때문에 최선을 다할 뿐 어찌하겠는가? 그리고 어떤 때는 손을 대어 안수하지 않아도 예수의 권세로 병마는 물러가라 명하자 그 자리에서 불치병까지 치유되게 하시고, 저절로 알아지는 예언대로 지켜지고 일어나는 등 강한 역사가 있게 하셨다.

그러나 불순종의 죄로 하나님의 채찍을 맞아 뇌출혈로 쓰러진 후 오랜 세월 모든 것을 다 잃어 아무것도 할 수 없는 무능한 사람이 되어있는데, 다시 하나님께서는 내가 체험한 모든 것을 기록하여 알리라 명하셔서 당황하지 않을 수 없었다.

그러나 하나님이 명하신 일이기에 하나님이 하라시는 대로 듣든지 아니 듣든지 전하라 하심 따라 전하고 주의 길을 예비하라 하신 사명을 위해 죽으면 죽으리라 돌을 던지면 맞으리라 하는 마음으로 글을 써야겠다고 다짐하고, 이 사실을 가족에게 말했더니 약속이나 한 것처럼 "그러면 안 된다!" "큰일 난다!" "그래서는 절대 안 된다!"는 것이었다. 나를 염려한 가족의 반대에 부딪혀 어떻게 해야 하나 고민하고 있었다.

글을 쓸 자신도 없고 경제력도 없어 출판할 자신도 없었다. 무엇보다 불순종의 죄로 하나님의 채찍을 맞아 뇌출혈로 쓰러진 후 모든 것을 다 잃고, 내 몸 하나 가누기 힘들어 딸 사라의 손을 잡고 걸어야 하며, 절뚝거리는 내 모습이 싫어서 동굴을 만들어 숨고 회개의 눈물만 흘리고 아무도 안 만나는 초라하기 그지없는 나 같은 것이 마지막 시대의 예언 선지자의 사명을 받아 글을 써서 하나님의 교회와 목사님들과 성도님들에게 알린다면 은혜를 받기는커녕 비웃음만 받고 하나님의 영광만 가릴 것 같아 글을 쓰지 않으려고도 했다. 그리고 이제는 글을 쓸 자신도 없어서 포기하려고도 했었다. 가족이 반대하지 않아도 나 같은 것이 어찌 전국에 알리고 세계의 교회들에까지 알릴 자격이 있는가?

　자신이 없어서 망설이다가 그래도 하나님의 명령이니 이선영 권사님 한 사람에게만이라도 글을 써서 알려야겠다고 가족에게 말하자, 이 권사님은 믿음의 사람이므로 당신을 절대 해롭게 하지 않을 테니 그러면 글을 써도 좋다는 말을 듣고 용기를 냈을 때 어느 날 주님께서 다시 나를 찾아오셨다.

"사랑하는 나의 딸, 내가 기뻐하는 종아. 너는 이미 죽었다. 너는 내 것이다. 이때의 사명을 위해서 수많은 질병과 가난으로 연단하였고 수많은 사망에서 건졌으니 지체하지 말고 일어나 빛을 발하라! 생명의 빛을 비추라! 천국이 가까이 왔으니 속히 회개하고 돌이켜 새사람이 되고, 변하여 새사람이 되어야 산다고 전하여라. 내 백성이 죽어가고 있으니 지체하지 말라. 내가 피로 값 주고 산 교회들이 세속화되어 가고 첫사랑이 식어가고 있으니 속히 일어나 죽어가는 생명들을 살리라!

네가 쓴 책을 통해서 수많은 영혼을 구원하고 수많은 사람을 살릴 것이니 지체하지 말라! 때가 악하고 급하다. 말세에 믿는 자를 보겠느냐? 참 좋을 보겠느냐? 정신을 차리고 깨어 기도하고 그날을 준비하고 대비토록 하라. 신부 단장하게 하라. 잠시 후엔 오실 자가 오시리니 다시 오마 약속하신 주님께서 천군 천사들을 거느리고 구름 타고 오실 때 신부 단장하여 깨끗한 세마포를 입고 정결한 신부가 되어 기쁨으로 재림하신 예수님을 영접하도록 하게 하라!

마지막 시대 마지막 전쟁 사탄과 싸움을 할 때 기도와 말씀으로 무장하고 준비하여 그리스도 군사로 쓰임 받게 하고 다 들림 받게 하고 공중 혼인잔치 자리에 참여할 수 있도록 하여 영광스러운 신부 성도들이 다 되게 하라.

재림을 더 이상 미룰 수 없으니, 추수 때가 다 되었으니, 믿는 자들이 마땅히 해야 할 옳은 행실로써 아름답게 성령의 열매만 맺어 하나님의 교회에서 오직 사랑과 평화만 있고 구원의 역사와 성령의 역사만 있어야 한다고 전하거라. 그리하지 않으면 모두 불에 태워지리라! 사람을 무서워하지 말고 하나님을 두려워하라. 죽도록 충성하게 하라. 그리하면 환란 많은 종말기 중에서도 기근과 질병과 사망에서 보호받다가 다 들림 받게 하리니 죽도록 충성하게 하라. 그리하면 생명의 면류관을 빼앗기지 않으리라!

너에게 아브라함과 같은 복을 주리니 네가 축복하는 자를 내가 축복하고 네가 저주하는 자를 내가 저주하리니 두려워하지 말고 강하고 담대하게 외치는 자의 소리가 돼라! 주의 길을 예비하라! 속히 일어나 어두움을 밝히는 빛이 돼라! 생명을 살리는 생명의 빛을 비추라! 아무것도 염려하지 말라! 내가 너를 강한 오른팔로 붙들어 인도하리니 사람을 무서워하지 말라. 아무도 너를 간섭할 수 없으리니 너는 내 것이라! 내 무기라! 오직 나만이 너를 간섭할 수 있으리니 두려워하지 말고 강하고 담대하게 외치는 자의 소리가 되어라! 광야의 외치는 자의 소리가 되어라!"

이어서 "박정숙 권사의 손을 빌려서 글을 쓰도록 할 것이며, 너의 사명이 파수꾼의 사명이니 네가 나팔을 불지 않고 이 시대가 어떤 시대인지 몰라 준비하지 못했다가 화를 당하면 너에게 그 책임을 물을 것이다."라고 말씀하셨다. 그리고 이 사명은 담임목사님들에게도 있다 하셨다.

두렵고 떨려 더 이상 거역할 수 없어 나 같은 것이 무엇이라고 전능하신 하나님, 창조주 하나님께서 애원하시며 강권하시는데, 버림받아 마땅한 죄 많은 여인을 용서하시고 다시 쓰시겠다고 하시는데, 어찌 더 망설일 수 있겠는가! 죽기를 각오하고 글을 쓰리라 결심하게 되었다.

하나님이 하라시는 일을 누가 감히 거역할 수 있으며 누가 감히 하나님이 하시고자 하는 일을 막을 수 있겠는가? 죽으면 죽으리라, 돌을 던지면 달게 맞으리라, 비난하는 소리가 들리면 달게 들으리라 하는 각오로 하나님이 하라시는 대로 사실 그대로 쓰고 출판하여 교단과 교파를 초월하여 각 교회에 한 권씩 보내리라.

나같이 못나고 부족한 것이 감히 이 말을 하나님의 교회에 알려야 하고 감히 강단의 종 담임목사님들에게 알려야 하는 일은 참으로 곤욕스러운 일이지만 전하지 않을 수 없어 부족하지만, 펜을 들게 되었다.

빚을 내서라도 반드시 출판하여 각 교회에 한 권씩 보내고 세계 각국에까지 보내서 만민을 구원하라시는 한국교회의 사명을 담임목사님들과 함께 이루어야겠다고 굳게 다짐하게 되었다. 또 은퇴한 목사님들이나 선교사님들에게도 나눠드리고 죽어가고 있는 유럽교회를 비롯한 세계 많은 교회에도 나눠드리도록 각 교회 담임목사님께서 협력해 주시길 간절히 소망한다.

이 일은 믿는 자 모든 성도님과 힘을 합쳐서 이루어내야 할 사명이니 죽어가고 있는 세계 교회를 위해 작은 힘이 모아 큰일을 할 것이므로 감동되는 대로 도움을 받을 수 있도록 각 교회 목사님들께서 예배시간에 성도님들에게 광고해 주시기를 간절히 부탁드리고 싶다.

미개했던 우리나라를 구원시키기 위해서 교회를 세워 주고, 선교사를 보내주고, 구호물자 등을 통해 6·25 전쟁으로 굶어 죽어가고 있었던 우리 백성을 도와주고, 학교와 병원을 세워주고, 우리나라를 구원하기 위해 오신 수많은 선교사님이 향토병으로 죽어가면서, 그리고 어린아이들까지 무덤에 묻혀야 했던 극심한 시련을 이겨내면서까지 계속 선교사님을 보내줘서, 우리나라가 개화되어 세계를 구원하라는 사명을 받을 만큼 복된 나라가 되었다.

그런데 우리나라의 발전에 밑거름이 되어준 유럽 교회들을 비롯한 세계 많은 교회가 문을 닫고 이슬람교에 팔리는, 극한 시련 속에 점점 하나님을 믿는 믿음이 식어지고 심지어 이슬람교에 다니는 등 안타까운 현실에 처해 있는데 그냥 보고만 있어서는 안 된다고 생각되었다.

우리 믿는 자 모두 일어나야 한다.

　지금 우리는 인류의 종말을 고하는 마지막 시대에 살고 있으며 머지않아 성경에서 경고하는 사탄이 세계를 지배하고 다스리는 사탄의 시대가 올 텐데, 그전에 우리가 일어나 죽어가는 유럽 교회들과 세계의 죽어가고 있는 수많은 영혼을 구하고 생명을 살리는 일에 힘을 합쳐야 한다. 반드시 세계를 구원하고 만민을 구원하라시는 사명을 다하여 죽어가는 수많은 영혼을 살리고 생명을 살려 하나님의 뜻이 하늘에서 이루어진 것처럼 이 땅에서도 이루어지게 해야 한다.

　나는 어린 사모 때부터 하나님이 쓰시려고 혹독한 시련으로 연단받으면서 영적인 세계에 대해 하나님이 기뻐하신 일을 알게 하셔서, 선한 사마리아인의 삶을 살기 위해 힘쓰기로 결심하고 열악한 시골 교회에서 생활비도 제대로 받지 못하여 몇 달 치씩 밀린 가운데에도, 벌을 길러 꿀을 우리가 먹지 않고 어려움에 처한 사람들에게 나눠주고, 닭 한 마리가 있었는데 계란이 나오면 그것도 먹지 않고 나눠주고, 이웃사랑을 실천하기 위해 있는 것 중에서 지극히 작은 것이지만 나눠주며 구제하는 일에 힘썼는데, 하나님께서 네가 은밀하게 구제하는 일이 하늘에 상달되어 너를 쓰게 되었다고 하시니 부끄러워서 고개를 들 수 없었다. 그것은 하나님께서 지극히 작은 것이라도 나눠주는 삶을 기뻐하셔서 크게 보시는 것 같았다. 나는 무엇이든지 들어오면 우리만 먹지 않았고 주는 삶에 대해 칭찬까지 들을 정도로 나누고 주는 삶에 길들여져 왔었다. 그래서 나 자신을 위해 살지 못했고 주는 일은 익숙하지만 달라는 말은 하기 힘들었다.

그런데 생명을 살리는 일이기에 믿는 자 모두 힘을 합쳐 하나님이 기뻐하시는 일인 전도하고 선교하고 세계를 구원하고 만민을 구원하라시는 하나님의 뜻을 이루어 드리기 위해서는 도움을 청하지 않을 수 없다.

하나님이 기뻐하시는 사명을 이루는 일인데 무엇인들 못 하겠는가? 용기가 솟아났다. 유럽 교회와 세계 많은 교회를 이제 우리나라가 도와 선교사를 파송하고 책과 부흥사를 보내 말씀을 깨우치고 회개하도록 해야 한다. 다시 하나님께 돌아오도록 이 일에 발 벗고 나서야 할 때임을 깨우쳐 주신 하나님의 뜻을 이루어 드리기 위해, 우리나라가 소금의 사명, 등대의 사명, 빛을 비추고 생명을 살리는 사명을 감당하도록 해야겠다는 사명감에 늙어 쓰러질 것 같은 몸을 일으켜 생명 걸고 하나님의 은혜로 이 글을 쓸 수 있었다.

"이때부터 예수께서 비로소 전파하여 이르시되 회개하라 천국이 가까이 왔느니라 하시더라"(마 4:17).

(담임목사님께 감히 부탁드립니다)

한 영혼 구원을 위해 세우심을 받은 목사님들께서는 교회에 나온 성도들의 영혼을 책임지고 천국까지 인도해야 할 선한 목사의 사명이 있고, 지금은 자다가 깨어 기도하고 준비해야 할 때임을 알리는 파숫꾼의 사명이 있기 때문에 반드시 완수하여 하나님의 뜻이 하늘에서 이루어진 것처럼 이 땅에서 이루어져야한다는 사실을 절대 잊지 않으시기 바랍니다.

〈내가 본 사후세계〉나 〈나의 간증 나의 이야기〉는 수많은 영혼과 생명들을 이 책을 통해서 구원받고 생명을 살리는 역사가 있으리라 하시며 주님께서 쓰라 하시고 쓰게 하셨습니다.

목사님들께서는 교회 나오는 성도님들의 한 가정에 한 권씩 나눠드려 읽게 하는 사명이 있음을 절대 잊지 마시고 실천해야 한다는 주님의 명령을 삼가 전하는 바입니다.

제가 보내 드리는 책을 복사하여 나눠드리는 일에 도움을 드리기 위해서 출판사 전화번호를 기록해 두니 참고하시기 바랍니다.

※출판사 전화번호 031 976 8970

(책을 구매하실 때 저를 통하시면 더 저렴하게 구매하실 수 있도록 도와 드리겠습니다.)

PART 1

구 원

구원

"주 예수를 믿으라 그리하면 너와 네 집이 구원을 받으리라"(행 16:31).

"하나님이 세상을 이처럼 사랑하사 독생자를 주셨으니 이는 그를 믿는 자마다 멸망하지 않고 영생을 얻게 하려 하심이라"(요 3:16).

"그를 믿는 자는 심판을 받지 아니하는 것이요 믿지 아니하는 자는 하나님의 독생자의 이름을 믿지 아니하므로 벌써 심판을 받은 것이니라"(요 3:18).

"여호와 하나님께서 땅의 흙으로 사람을 지으시고 생기를 그 코에 불어 넣으시니 생령이 되니라"(창 2:7).

인생은 어디서 왔다가 어디로 가는지를 알아야 한다.

스스로 계신 창조주 하나님께서 사람을 흙으로 지으시고 생기를 넣으시니 살아있는 생명체가 되었나고 싱경에 기록되어 있다. 이렇게 태어난 사람들이 늙거나 여러 가지 이유로 다 죽게 된다. 그리고 죽으면 무덤에 묻혀 한 줌의 흙으로 돌아간다. 그리고 넋, 혼, 영이라고도 하는 영혼은 하나님으로부터 왔으므로 하나님 나라에 가서 심판을 받아 지옥에 가든지 천국에 들어가든지 하게 되는데, 천국은 십자가 보혈로 죄사함 받고 믿음으로 의롭게 된 자들만 들어가고 있었고, 지옥은 반대로 십자가의 보혈로 죄씻음을 받지 못한 자들이 죄의 삯은 사망이기 때문에 지옥불에 떨어져 지옥의 사자들에게 형벌을 받는 무시무시하고 끔찍한 곳이었다.

  우리 조상 아담이 불순종으로 인한 죗값으로 우리 인류에게 죄가 들어와 지옥 형벌을 받게 되었으나, 세상을 사랑하신 창조주 하나님께서 인생을 불쌍히 여기시고 예수님을 보내시어 우리 죄 대신 십자가에서 죽으시게 하신 예수님을 믿으면 그 믿음을 의로 보시고 구원받아 천국에 갈 수 있도록 은총을 베풀어 주셨다. 그러나 죄로 죽을 수밖에 없는 우리를 살리시려고 예수님을 보내주셨음에도 예수님을 믿지 않는 자는 십자가의 보혈로 죄씻음 받지 못하여 구원받지 못하고 정죄를 받아 지옥의 형벌을 받게 된다. 하나님은 사랑의 하나님이시기도 하지만 공의의 하나님이시기도 하시므로 무서운 심판을 받게 된다. 그러므로 교회에 나와 예수를 구주로 믿고 십자가의 보혈로 속죄함을 받아 구원받고 천국에 들어가야 한다.

  구원의 길은 처음 초신자 때는 예수를 구주로 믿기만 하면 구원받는다. 그러다가 하나님을 인격적으로 만나야 하고 장성한 믿음의 분량에 이르러야 한다. 물과 성령으로 거듭나는 중생체험, 성령체험을 하여 육의 사람을 벗어버리고 영의 사람, 성령의 사람이 되어야 한다. 물과 성령으로 거듭나지 않으면 결단코 천국에 들어갈 수 없기 때문이다.

예수를 구주로 믿기만 하면 구원받는다고 배웠는데, 천국에 가서 보니 어린 양의 보혈로 죄 사함을 받아 정화되고 성화된 의인이 겨우 구원받고 있었다. 그리하여 주님께 "주여, 어찌 구원받는 자가 이렇게 적습니까?" 묻지 않을 수 없었다. 그 누구도 한 가지라도 책망받을 것이 있는 채 회개함이 없이는 결단코 천국에 들어가지 못했다. 교회는 열심히 다녔지만 구원받지 못한 신자들이 땅을 치고 후회의 눈물을 흘리며 울부짖는 모습을 보면서 많은 깨달음을 얻었다.

　계시록에 기록된 성령께서 교회들에게 하신 말씀을 깊이 깨달아 정신을 차리고 바로 믿고 바로 행하지 아니하면 큰일 난다는 사실을 깨달았고, 의롭고 경건하고 거룩한 바른 믿음의 행실을 보여주는 생명 있는 믿음을 잃지 않아야 함을 깨달을 수 있었다. 또 성령 충만함을 받도록 힘써야 하고, 칭찬받는 충성된 일꾼으로 소임을 다해야 한다는 사실을 깨달았고 죄악성을 가지고 있는 나약한 인간이기에 자신을 쳐서 복종시켜 날마다 죽어야 함도 깨달았다.

　천국에 가보니 천국은 어린 양의 보혈로 죄 씻음 받고 하나님의 자녀답게 "내가 거룩하니 너희도 거룩하라" 하신 하나님의 말씀대로 하나님의 뜻대로 하나님의 백성답게 거룩의 아름다운 열매를 맺으며 정화되고 성화된 자들만 들어가고 있었다. 각자 맡은 사명의 십자가를 지고 자기를 부인하며 의무와 책임을 다하는 좁은 길을 걷는 충성스러운 성도들만이 들어가고 있었다. 쇠짓고 죄씻음 받지 못한 죄인은 들어갈 수 없는 곳이 천국이었다. 어린 양의 보혈로 죄 사함을 받지 않으면 절대로 들어갈 수 없는 곳이 하늘나라 천국이었다. 어떤 죄를 지었든 상관하지 않으며, 그 어떤 죄라도 회개하고 뉘우친 후 회개에 합당한 열매를 맺는 자는, 간음하고 악하고 사람을 죽인 살인자라도, 용서받을 수 없는 큰 죄를 지은 죄인이라도 그 죄를 묻지 않고 들어가는 곳이었다.

하나님은 죄인이 회개하고 하나님께 돌아오는 것을 매우 기뻐하셨다. 나는 이때의 경험을 통해서 믿음으로 죄인에서 의인으로 변하여 새사람이 되기 위해 우리 죄를 회개하고 십자가 보혈로 반드시 속죄함을 받아야 한다는 것을 깨달았다. 그리고 하나님의 뜻대로 지켜 행하는 순종의 믿음 생활을 해야 한다는 것이었다. 또 하나님이 하지 말라 하신 죄를 지어서는 안 된다는 것이었다. 그리고 예수의 피로 죄씻음 받고 구원받아 천국에 들어가는 것이 얼마나 큰 축복인가를 뼛속 깊이 깨달을 수 있었다.

천국에서 정화되고 성화된 흠도 없고 책망받을 것이 없는 자만 겨우 구원받는 것을 보면서, 그래서 하나님께서 계시록에 일곱 교회에 대한 말씀을 교훈하고 경고하시기 위해 기록하게 하셨다는 사실을 깨달았다.

하나님을 믿는다는 성도들은 성직자를 비롯한 유치부 어린이까지 하나님의 뜻대로 순종하는 믿음, 곧 말씀대로 지키고, 하나님이 피로 값 주고 세우신 교회의 사명과 각자 받은 십자가의 사명을 지고 십자가를 지신 주님의 길을 따르며, 예배드리는 일에 힘쓰고, 성도로서 의무와 본분을 다하며, 감사 생활, 십일조 생활, 봉사, 헌신하고, 기도하고, 전도와 선교에 힘쓰고, 이웃사랑을 실천하고, 믿는 자답게 거룩의 열매를 맺고, 아름다운 성령의 열매를 맺어야 한다는 사실을 깨달았다. 그런데 만약 그렇지 않은 자는 큰일 난다는 사실도 깨달을 수 있었다.

그러므로 하나님의 교회와 각자 받은 십자가의 사명을 위해서 좁은 길을 걸으며 끝까지 인내로서 말씀을 지켜 행해야 한다는 사실을 철저히 가르쳐야 한다.

"네가 참고 내 이름을 위하여 견디고 게으르지 아니한 것을 아노라 그러나 너를 책망할 것이 있나니 너의 처음 사랑을 버렸느니라 그러므로 어디서 떨어졌는지를 생각하고 회개하여 처음 행위를 가지라 만일 그리하지 아니하고 회개하지 아니하면 내가 네게 가서 네 촛대를 그 자리에서 옮기리라"(계 2:3-5).

"네가 나의 인내의 말씀을 지켰은즉 내가 또한 너를 지켜 시험의 때를 면하게 하리니 이는 장차 온 세상에 임하여 땅에 거하는 자들을 시험할 때라 내가 속히 오리니 네가 가진 것을 굳게 잡아 아무도 네 면류관을 빼앗지 못하게 하라"(계 3:10-11).

"네가 이같이 미지근하여 뜨겁지도 아니하고 차지도 아니하니 내 입에서 너를 토하여 버리리라"(계 3:16).

"빌라델비아 교회의 사자에게 편지하라 … 내가 네 행위를 아노니 내가 작은 능력을 가지고서도 내 말을 지키며 내 이름을 배반하지 아니하였도다"(계 3:7-8).

"귀 있는 자는 성령이 교회들에게 하시는 말씀을 들을지어다"(계 3:22).

성령께서 교회들에게 경고하신 말씀에 주목해야 한다. 혹 실수로 죄를 지었다면 즉각 회개하고, 자복하고 옷을 찢지 말고 마음을 찢어 진정한 회개를 해야 하며, 성령님이 도우시는 진실한 성령 회개를 해야 한다는 사실 또한 깨달을 수 있었다. 만약 개인적인 종말이 올 때 죄씻음 받지 못하면 큰일 나기 때문이다.

그 누가 우리 죽을 때를 알겠는가? 개인적인 종말이든, 우주적 종말이든 아무도 알 수 없는 일이기에 항상 깨어 기도하고 준비하고 대비하며 사는 영적 지혜가 정말 필요함을 알 수 있었다.

그리고 절대 은혜받았던 감격과 초심을 잃지 말아야 하며, 절대 첫사랑, 첫 믿음, 성령 받았을 때 그 결심, 그 마음을 잃지 않아야 한다. 처음 은혜받고 주님의 은혜에 감격하여 하나님께 맹세했던 뜨거운 열정이 무디어져 뜨겁지도 않고 차갑지도 않으며 미지근한 물처럼 식지 않도록, 날마다 죽는다 했던 바울처럼 자신을 쳐서 의지를 순종하는 믿음에 복종시키고, 세상과 육의 생각으로부터 이기기 위한 끊임없는 신앙적 훈련과 연단이 있어야 할 것이다. 그렇지 않으면 자신도 모르게 무디어지고 안일하고 나태해지기 쉽고 미지근하기 쉽고 신앙이 습관적이고 형식적으로 될 수 있으므로 달음박질하는 선수처럼 천국에 들어갈 때까지 신앙의 경주를 해야 한다. 인간이 얼마나 나약하고 간사한지 우리 모두 경험적으로 아는 사실이므로 끝까지 견디고 싸워 믿음으로 이겨야 한다.

 하나님께서 천국에 들어갈 때까지 긴장을 풀지 않고 깨어 기도하고 말씀을 붙잡고, 모든 시련을 믿음으로 이겨내어 끝까지 십자가를 붙잡고 주님이 가신 십자가의 뒤를 따라야 한다고 하셨다. 그리고 아직도 하나님을 믿지 않는 가족, 형제, 이웃의 구원을 위해 기도하고 전도해야 한다. 참으로 지옥은 끔찍한 곳이었기 때문이었다.

 내가 아는 목사님의 간증 설교 중에 자신의 아버지가 교장 선생님이셨는데, 아무리 전도해도, 한 번만이라도 교회에 함께 가시자고 애원해도 나가지도 않고, 예수를 구세주로 믿어야 천국 시민이 되어 구원받을 수 있다고 간절하게 애원해도 듣지 않으므로 하루는 큰 결심을 하고 아버지 한 분 구원시킬 수 없는 목회자가 무슨 자격으로 목회 사역을 하겠느냐고 했더니 놀라셨는지 "내가 꼭 나가마. 예수를 믿으마. 그런데 지금은 아니고 내가 은퇴하면 아들 소원대로 하겠다."라고 약속하셔서 은퇴하실 날만 기다리고 있었는데, 은퇴하시기 전에 그만 교통사고가 나서 돌아가셔서 한이 된다고 애달프게 간증하는 것을 들을 수 있었다.

 미루지 말아야 한다. 내일 무슨 일이 생길지 아무도 모르는 일이 아닌가? 오늘 밤에 우리의 영혼을 거둬 가신다면? 또 기회만 있으면 택한 자라도 삼키려 하는 사탄의 간계로 죽을 수도 있다. 죽으면 예수 믿으려 했다는 사실이 무슨 도움이 되겠는가?

 실제 예수 믿고 죄 사함을 받지 않으면 그 누구도 구원받을 수 없다는 사실을 꼭 알아야 한다. 후회해도 돌이킬 수 없는 그날이 오기 전에 피로 값 주고 사신 하나님의 교회에 나와 예수 믿고 구원받아 천국에 들어가야 한다. 그리고 행함 있는 생명 있는 믿음 생활을 해야 한다는 사실 또한 잊지 말아야 한다.

지옥은 참으로 끔찍한 곳이었다. 유황불이 활활 타오르는 곳에 떨어져 끔찍한 형벌을 받지 않으려면 교회에 나와 예수 믿고 어린 양의 보혈로 죄 사함을 받고 구원받아 천국에 들어가야 한다.

그리고 믿는 자들이 가야 하는 구원의 길에는 세상 사람들이 원하는 꽃길과 비단길, 황금길이 없었다. 침대차 타고 편하게 천국 가는 열차는 없었다. 자기를 부인하고 자기 십자가를 지고 교회를 위해 아무리 힘들고 어려운 일이 있어도 믿음으로 각자 받은 사명을 위해 충성을 다하는 좁은 길을 걷는 자만이 들어가고 있었다. 자기 마음대로 믿고 제멋대로 감정 따라 기분 따라 이런저런 일로 삐쭉이며 하나님의 말씀대로 지켜 행하지 않은 자는 절대 구원받아 천국에 들어갈 수 없었다.

"이와 같이 행함이 없는 믿음은 그 자체가 죽은 것이라"(약 2:17).

오직 믿음으로 구원받으며 행위로는 구원받을 수 없지만, 구원받는 믿음은 반드시 아름다운 행위가 따르기 마련이며, 말과 행동이 일치하여 자신의 믿음을 나타내 보이게 되어있다는 사실에 주목해야 한다.

"나는 양의 문이라 나보다 먼저 온 자는 다 절도요 강도니 양들이 듣지 아니하였느니라 내가 문이니 누구든지 나로 말미암아 들어가면 구원을 받고 또는 들어가며 나오며 꼴을 얻으리라"(요 10:7-9).

"나는 선한 목자라 선한 목자는 양들을 위하여 목숨을 버리거니와"(요 10:11).

하나님의 교회를 책임진 모든 목회자는 장로님을 비롯한 모든 성도를 말씀대로 제대로 가르치고, 말씀대로 지켜 행하게 하고, 모든 계명을 지켜 행하는 하나님의 뜻대로 순종하는 믿음 생활을 하도록 하여다 구원받아 천국에 들어갈 수 있도록 생명 바쳐 선한 목자의 사명을 다하여야 한다고 하셨다.

하나님의 교회 중직자란 누구인가? 목사, 강도사, 전도사, 장로, 안수집사, 권사 등을 중직자라고 부르는데, 교회 지도자라고 할 수 있는 중직사들이 당연히 구원받을 줄 알았던 내 신앙 성식을 깨고 중직자 몇 명이 구원받지 못하고 지옥에 떨어져 끔찍한 지옥의 형벌을 받고있는 충격적인 모습을 보고 이 땅에 살고 있는 내 고민이 되었고, 씻어지지 않아 내 고통이 되었다. 그리고 무엇 때문일까? 하는 의문이 떠나지 않았다. 그때 떠오르는 말씀이 있었다.

"모든 사람과 더불어 화평함과 거룩함을 따르라 이것이 없이는 아무도 주를 보지 못하리라"(히 12:14).

주님이 흘리신 십자가 보혈로 속죄함받아 구원의 은혜를 입었다면,

그 은혜에 합당하게 구별된 삶을 살기 위해 반드시 모든 사람과 더불어 화평함을 이루고 거룩함을 이루어 피로 값 주고 사신 하나님의 교회에서 사랑과 평화를 이루고 구원의 역사를 이루어야 하고 성령의 역사만 이루어야 한다. 거룩의 열매를 맺어 성령의 열매가 아름답게 열리도록 하여 하나님이 기뻐하신 빌라델비아 교회처럼 칭찬받은 교회가 되게 해야 한다.

성도들의 영혼을 책임진 목회자는 반드시 강단에서 선포한 말씀대로 먼저 지켜 행하여 본이 되고 귀감이 되는 선한 목사로서 소임을 다해야 한다고 하셨다. 그리하면 성직자의 권위를 잃지 않고 성도들로부터 신뢰받고 존경받으며 힘 있고 능력 있는 목회를 할 수 있다고 하셨다.

그러나 반면 선한 목자로서 열매 맺는 아름다운 삶을 살지 않으면 양은 따라오지 않으며, 순한 양이 변하여 염소같이 목자를 찌를 수도 있고, 때론 성난 황소처럼 덤벼들 수도 있음을 알게 하셨다. 그러므로 목자는 어떤 경우에도 죄를 짓지 말아야 하며 특히 탐욕과 음란죄에 빠지지 말아야 함을 알게 하셨다. 그뿐만 아니라 실수나 실덕을 해서도 안 된다고 하셨다.

인간에게는 누구에게나 물욕, 명예욕, 성욕, 탐욕이 있지만 절대 이런 죄에 빠져서는 안 된다고 하셨다. 특히 탐욕과 성욕의 덫에 걸려 하나님의 영광을 가리는 죄를 짓지 말아야 함을 일깨워 주셨다. 눈이 죄를 짓게 하면 눈을 빼어버리라 하셨고, 발이 죄를 짓게 하면 발을 잘라버리라 하셨고, 손이 죄를 짓게 하면 손을 잘라버리라 하시며 엄히 경고하셨다. 주님께 책망받은 종교지도자였던 대제사장, 제사장, 사두개인, 바리새

인처럼 "화 있을진저…" 책망받고 심판의 경고를 받고 살아서는 절대 안 된다는 사실을 확실하게 깨우쳐 주셨다. 그러므로 건성으로 신앙생활 하지 말아야 하며, 사나 죽으나 주를 위해 하나님의 뜻대로 살아야 한다.

하나님의 말씀대로 순종하는 성도들은 순한 양같이 순종하는 믿음으로 본이 되는 강단의 종의 뒤를 잘 따른다면 다 천국에 들어갈 수 있음도 알게 하셨다. 그러므로 양 떼(성도들)의 영혼을 책임진 목회자는 선한 목자로서 소임을 다해야 한다고 강조하셨다.

〈현신애 권사님의 눈물이 어린 간증〉

어머니를 따라 현신애 권사님 신유 집회하는 광장에 따라간 적이 있었다. 참으로 많은 사람이 구름떼처럼 모여 있었다. 그리고 참으로 놀라운 광경을 목격할 수 있었다. 권사님이 예수의 이름으로 병 고침 받을 것을 선포하자 수많은 사람이 병 고침을 받는 믿어지지 않는 장면을 목격할 수 있었다. 그곳에서는 각종 병자들이 모여 있었는데, 각종 병자들이 병 고침을 받고 하나님께 영광 돌리는 기적 같은 일들이 벌어지고 있었다. 그래서인지 넘치는 헌금들이 쏟아져 나왔다.

어머니는 현 권사님의 집회에서 병 고침을 받는 기적이 일어나고 있다는 말씀을 듣고 찾아가셨고, 실제 어머니도 병 고침을 받게 되어 뜨겁게 신앙생활을 하게 되셨고, 하나님이 분명 살아계신다는 사실이 믿어져 많은 사람에게 전도를 하게 되었다고 하셨다. 그리고 자주 현 권사님이 신유집회를 하는 곳에 병든 사람들을 데리고 가시곤 하셨다. 나도 어머니를 따라 그곳에 자주 가게 되었었다.

  그런데 어느 날 현신애 권사님의 간증을 들었다. 현 권사님이 환상을 보게 되셨는지 꿈을 꾸었는지 알 수 없지만, 자신은 당연히 구원받을 줄 알았는데, 자신이 죽어 천국에 가면 하나님이 버선발로 달려와 반길 줄 알았는데, 뜻밖에 자신에게 천국 문을 열어주지 않는 것이 아닌가. "주여 주여, 저 현신애 권사입니다! 제가 주의 이름으로 얼마나 많은 사람의 병을 고치고 수많은 사람을 구원시켰는지 주님은 아실 것입니다. 그런데 왜 제가 천국에 들어갈 수 없다는 것입니까?" 울며불며 절규했는데 "나는 너를 모른다! 너는 나와 상관없으니 물러가라!"는 호통을 받고 깜짝 놀라 깨어났다는 것이다. 그래서 자신을 돌아보니 하나님께 돌려야 할 영광을 자신이 받았으며, 하나님의 기뻐하신 뜻대로 순종하며 살지 않고 내 뜻대로 내 맘대로 살았다는 것을 깨닫고 뉘우치고 회개하고 회개했으며, 그동안 집회 때 나온 그 많은 돈을 노후에 쓰려고 쌓아 놓았는데 그것은 하나님의 뜻대로 사는 믿는 자의 모습이 아니었음을 깨닫고, 그 많은 헌금을 다 털어 가난하고 병들고 힘이 없고 불쌍한 이웃을 위해 베풀었고, 북한에서 굶주리고 죽어가는 아이들을 위해 북한 선교를 하게 되었다는 간증을 들은 적이 있다.

  현 권사님의 아름다운 회개의 눈물을 볼 수 있었고, 믿는 자들이 어떻게 살아야 하는가를 깨우쳐 주는 귀한 간증이었다.

〈말세 부자에 대한 경고〉

　부자이기 때문에 구원받지 못한 것이 아니다. 예수를 믿으면 예수 닮기 원하여 예수처럼 살려고 힘쓰게 되는데, 안 믿을 때와 똑같이 계속 움켜쥐고 베풀 줄 모르는 것은 변화되지 않았다는 증거이며, 복음으로 변화 받지 못했다는 것은 육에 속한 그리스도인이라는 증거이기도 하다. 따라서 육은 하나님과 원수가 되는 것으로서 반드시 예수를 구주로 믿는 자가 되었다면 육적 신자에서 영적 성도가 되어야 하고, 성령의 사람이 되어야 하는데, 여전히 옛 생활 그대로이고, 옛사람 그대로라면 물과 성령으로 거듭나지 않았기 때문에 말씀 그대로 천국에 들어가지 못하고 있었다.
　성경에 부자가 천국에 들어가는 것은 낙타가 바늘귀로 들어가는 것보다 더 어렵다는 말씀 그대로 부자들은 천국에 들어가지 못하고 있었다. 천하보다 귀한 것은 생명인데 생명을 잃게 된다면 부자는 축복이 아니라 저주가 될 것이다. 그러므로 살아생전 옳은 일에 생명을 구원하고 생명을 살리는 일인 전도, 선교, 열악한 교회를 돕고, 이웃사랑을 실천하는 등 값지고 귀한 일에 써야 한다.
　반드시 하나님을 믿는 자들은 성경에 기록된 말씀대로 지켜야 한다. 그러면 말씀이 우리를 지킨다는 사실을 알게 되어 믿는 자답게 선하게 살게 된다. 놀부처럼 살지 않게 된다. 자신만을 위해 살다 죽으면 먹다 죽었다는 부끄러운 인생으로 막을 내리게 된다는 사실을 잊지 말고, 주고 베풀고 나누어주며 살면 심은 대로 거두시는 하나님의 은혜로 하늘에 상급이 되어 다 받게 된다는 사실 또한 잊지 말아야 한다. 움켜쥐고 살다가 부자와 나사로 같은 뒤바뀐 부끄럽고 후회스러운 인생이 되지 않도록 하나님의 말씀대로 행하는 축복스러운 인생을 살아야 한다.

PART 2

주님의 교회들

주님의 교회들

하나님께서 만민을 구원하시려고 피로 값 주고 주님의 교회들을 세우셨다. 그리고 성도들의 영혼을 책임지고, 하나님을 바르게 믿고, 바르게 행하도록 하기 위해, 강단의 종 담임목사를 세우시고 협력자로 장로, 안수집사, 권사, 집사, 구역장, 권찰을 세우셨다. 따라서 성도들의 영혼을 책임지고 있는 담임목사들은 반드시 교회에 나온 영혼들이 다 천국에 들어갈 수 있도록 양을 위해 생명을 바쳐야 한다고 하셨다. 그래서 하나님께서 이 일을 완수할 수 있도록 모든 목사에게 그 누구도 간섭할 수 없는 성직자의 권위를 주셨음을 깨닫게 하셨다.

사후세계는 하늘에 계신 하나님의 뜻에 따라 어떻게 믿고 행했느냐에 따라 운명이 달라지고 있었다. 천국으로 들어가는 사람들은 성경에 기록된 말씀대로 다 지켜 행하는 자들이었다. 말씀을 굳게 잡고 모든 유혹을 물리치며 말씀대로 지켜 행하는 자들이었다.

내가 아는 교회를 열심히 다닌 성도들 중 한 사람은 하나님의 심판을 받아 마귀에 끌려 지옥으로 떨어지고, 한 사람은 천사의 시중을 받으며 천국으로 들어가는 것을 보면서 예수님을 믿는 성도들이 구원에 대해서 너무 쉽게 생각하고 있는 것이 아닌가 하는 생각이 들었다. 그래서 성도들의 영혼을 책임지고 있는 목사들은 반드시 성도들이 말씀을 지켜 행할 수 있도록 철저하게 가르치고 훈련해야 함을 깨달을 수 있었다.

> "그들에게 이르되 내가 오늘 너희에게 증언한 모든 말을 너희의 마음에 두고 너희의 자녀에게 명령하여 이 율법의 모든 말씀을 지켜 행하게 하라"(신 32:46).

또 분명하게 깨달은 것은 천국에 들어가는 사람들은 주님이 가신 십자가의 좁은 길을 걸어간 사람들이었다. 여호와 하나님을 기뻐하고 즐거워하며, 하나님을 섬기는 일과 예배드리는 일에 힘쓰며, 사명에 충실한 자들이었고, 크고 작은 어려운 일을 당해도 범사에 감사하며, 예수 닮기 위해 최선을 다하는 사람들이었다.

구원의 길은 십자가의 길밖에 없었다. 그러므로 구원의 길이 아무리 험하고 멀어도 주님의 뒤를 따라 십자가의 길을 걸어가야 한다. 그러므로 담임목회자들은 영혼을 책임진 사명을 위해 양을 위해 생명을 바친 예수님처럼 작은 예수가 되어 반드시 성도들이 다 구원받고 들림받아 천국에 들어갈 수 있도록 양을 위해 생명을 바친 선한 목자로서 사명을 완주해야 한다고 하셨다. 성령 하나님께서는 선한 목자로서 소임을 다하도록 돕기 위해 쉼 없이 성령의 훈련과 연단을 하신다 하셨다.

그리고 목회 협력자로 세움받은 장로를 비롯한 모든 협력자는 힘을 합쳐 담임목사를 받들고 협력해야 한다 하셨다. 사모 또한 협력자요, 또 다른 목회자로 세우셨으므로 창조적이고 건설적인 아름다운 영향력을 끼쳐 빌라델비아 교회 같이 하나님으로부터 칭찬받은 아름다운 성령의 열매만 주렁주렁 열리는 성령이 역사하시는 살아있는 교회, 생명 있는 교회, 생명 있는 믿음의 성도들이 되도록 남편 목사의 가장 가까운 동반자, 목회 동역자로서 소임을 다해야 한다고 하셨다.

따라서 하나님을 믿는 우리는 회개하고, 성령님의 역사가 일어나지 않는 힘없고 무기력한 교회가 되지 않도록 정신 차리고 영적 깊은 잠에서 깨어나 하나님이 기뻐하신 뜻을 이루어 이 나라 이 민족을 구원하고 세계 만민을 구원할 수 있는 성령님이 역사하는 교회가 되도록 힘써야 한다고 하셨다.

예수를 믿으면 예수의 능력이 나타나 구원의 역사 성령의 역사가 일어나게 해야 한다고 하셨다. "너희는 나를 본받는 자 되라" 하신 말씀대로 예수님을 본받는 자가 되어야 한다고 하셨다.

또 모든 성도가 육신의 정욕을 복종시켜, 하나님이 기뻐하시는 그릇으로 쓰임 받고 끝까지 버림받지 않도록 말씀을 철저히 가르치고 훈련해야 한다고 하셨다. 충성스러운 일꾼으로서 소임을 다하게 해야 한다고 하셨다. 철저히 가르치고 훈련하여 영적 성숙한 분량에 이르도록 해야 한다고 하셨다

성경의 역사를 보면 하나님께서 자기 백성 삼으신 이스라엘 백성에게 젖과 꿀이 흐르는 복지의 땅 가나안에 들어가 살도록 하시겠다고 약속하셨다. 여호수아와 갈렙은 그 말씀을 그대로 믿었으므로 약속의 땅에 들어갈 수 있었다. 그러나 영도자 모세를 포함한 히브리인 성인들은 모두 약속의 땅에 들어가지 못하고 광야에 묻혀버린 구약 역사를

통해 많은 교훈을 얻어야 한다. 하나님의 약속의 말씀을 받고도 그대로 믿고 행하지 못하는 불신앙 때문에 버림을 받았다는 사실에 많은 깨달음을 얻어야 한다. 비극적인 구약시대의 역사를 통해 하나님을 바라보며, 하나님 뜻대로 말씀 그대로 믿고 순종하는 믿음 생활을 해야 한다.

그러므로 자기 뜻대로 욕망 따라 살고 싶은 자신의 의지를 복종시켜, 육신의 정욕과 이생의 자랑과 안목의 정욕을 버리고 하나님의 뜻대로 신앙생활을 해야 한다.

〈교회는 빛과 등대가 되라 하신 하나님〉

그런데 어두운 세상을 밝히는 빛이 되고 등대가 되어야 할 주님의 교회들이, 세상을 구원해야 할 사명 받은 하나님의 교회들이 세상으로부터 비난의 대상이 되어 있고 부끄러운 교회들로 변질되고 타락하고 말았다고 하나님은 몹시 슬퍼하고 분노하고 계셨다. 그리고 속히 회개하지 않고 돌이키지 않으면 무섭게 심판하시겠다는 심판의 경고를 받고 있었다.

본이 되고 귀감이 되어야 할 주님의 교회 중직자들이 십자가를 욕되게 하는 탐욕과 성욕의 노예가 되어, 하나님을 분노케 하여 무섭게 책망받고 있는 것을 보게 하셨다. 다 그런 것은 아니고 몇몇 교회들의 실수와 부패들로 하나님의 교회들이 부끄러운 교회로 전락되고 말았다. 하나님으로부터 악하고 음란하다고 속히 회개하지 않으면 무섭게 심판하시겠다고 심판의 경고를 받고 있었다.

하나님은 몇몇 교회 중직자들의 실수를 마치 주님의 교회가 다 타락하고 변질된 것처럼 한탄하고 분노하시며 무섭게 심판하시겠다고 하셨다. "말세에 믿는 자를 보겠느냐? 참 종을 보겠느냐?"고 슬퍼하고 분노하셨다.

그리고 생명의 꼴을 먹이고, 맡은 성도들을 천국에 들어갈 때까지 영혼을 책임진 목회를 해야 할 목사들에게 선한 목자의 소임을 다하기는커녕 도리어 믿고 구원받으러 나온 신자들을 실족하게 하는 못된 목자도 있다고 분노하시며, 그런 자들을 향해 영광스러운 십자가를 욕되게 했다고 속히 회개하지 않으면, 변하여 새사람 되어 새 일을 행하게 하지 않으면 무섭게 심판하시겠다고 하셨다.

"누구든지 나를 믿는 이 작은 자 중 하나를 실족하게 하면 차라리 연자 맷돌(너무 커서 소가 끌게 했던 큰 맷돌)이 그 목에 달려서 깊은 바다에 빠뜨려지는 것이 나으니라. 실족하게 하는 일들이 있음으로 말미암아 세상에 화가 있도다. 실족하게 하는 일이 없을 수는 없으나 실족하게 하는 그 사람에게는 화가 있도다. 만일 네 손이나 네 발이 너를 범죄하게 하거든 찍어 내버리라. 장애인이나 다리 저는 자로 영생에 들어가는 것이 두 손과 두 발을 가지고 영원한 불에 던져지는 것보다 나으니라"(마 18:6-8).

기록된 말씀으로 큰 교훈을 삼고 양 떼(성도들)를 맡은 담임목사들은 선한 목자의 소임을 다하며 자기 교회에 나온 신자들을 실망시키고 실족하게 하는 일이 없어야 한다. 어떤 경우에도 그래서는 안 된다고 하셨다.

　선한 목자장이신 예수님을 본받아 작은 예수가 되어 선한 목자로서 소임을 다해야 한다 하셨다. 선한 목자의 소임을 다하기 위해서 잃어버린 양 한 마리를 찾아 헤매다 상하시고 찔리신 예수님처럼 한 사람 한 사람을 아끼고 사랑하고, 부모가 자식을 위해 희생한 것처럼 목자는 양을 위해 생명 바쳐 책임 있는 목회자의 길을 가야 한다고 하셨다.

　구원의 역사를 이루기 위해 이웃사랑을 계속 실천하고, 구제하는 일에 힘쓰고, 소외된 자들의 친구가 되어야 하며, 그들과 함께 웃고 함께 울고, 가난하고 병든 자와 함께하고, 돌보는 일에 소홀함이 없어야 한다고 하셨다. 또 세상과는 다른 선한 사마리아인과 같이 믿는 자답게 구원받은 자답게 옳은 행실로써 덕을 잃지 않으며, 선하고 의롭게 거룩하고 경건하게 살아야 하며, 깨끗하고 아름다운 신앙생활로 본이 되는 삶을 살아야 한다고 하셨다. 그런데 그렇게 살지 못하고 있다고 하나님으로부터 책망받고 있었다.

　그러므로 속히 회개함으로 돌이켜도 소용없는 무서운 심판을 받지 않도록 조금은 시간이 있는 이때 회개하고 회개에 합당한 열매를 맺어야 한다고 하셨다.

　오늘날 교회는 교회 세습, 기복신앙, 교회 이기주의, 패배주의, 화석화된 신앙에서 헤어 나올 수 없는 아픔들로 인해 이 땅의 고민이 되었다. 문제는 인격적인 하나님을 만나지 못한 까닭이 아닐까 생각된다.

　믿지 않는 세상 사람들과 같이 승리, 성공, 장수, 형통만을 좇으며, 비움이 없고 자기 부정이 없는 적지 않은 교회들의 타락하고 변질된 불신앙적인 결과를 보면 한탄하지 않을 수 없다고 무섭게 책망받고 있음을 보게 하셨다. 그래서 회개의 불길이 타올라야 한다고 하셨다.

주 예수를 믿는다는 것이 무엇인가? 복음이 무엇인가?

나는 죄인이라는 것을 알려주는 것이 복음이다. 내가 죄인이라는 것을 인식하지 못하는 것은, 죄 때문에 죽을 수밖에 없는 죄인을 구하시려 우리 죄를 대신 지시고 십자가를 지신 예수님이 흘리신 그 피를 깨닫지 못한다는 것이다. 죄인이 회개 없이 예수를 구주로 믿는다고 신앙고백 했기 때문에 천국에 들어갈 것이라고 믿는 것은 진정한 의미에서 구원받는 믿음이 아니다.

구원받는 믿음 있는 성도라면 은혜에 합당하게 빚진 자로서 우리를 위해 죽으신 주님의 영광을 위해 살게 된다. 자신의 영광을 버리고 하나님의 영광을 위해 살게 된다.

그런데 믿는 자답게 의롭고 깨끗하고 경건하고 거룩하게 살지 못하고 있는 모습을 보게 하셨다. 그러면서도 회개 없이 '예수를 구주로 믿는다고 신앙고백 했으니 구원받겠지.'라고 생각하며 편하게 천국 가려는 자는 복음이 무엇인가를 모르는 사람들이다.

오늘날 교회의 양상은 이스라엘 아모스 시대와 같다. 아모스 시대와 같은 영적으로 어두운 시대가 되고 말았다. 가는 곳마다 목회자가 있고 성경 공부가 있고 각종 모임이 있고 기도회가 있지만, 육신적인 신자들이 많이 있음을 보게 하셨다. 그래서인지 교회들에게 회개를 외치라고 하셨다.

회개하여 변하여 새사람이 되지 못하면, 물과 성령으로 거듭남(중생체험)을 하지 못하고, 영의 사람 곧 성령으로 다시 태어나 성령의 사람이 되지 못하면, 천국에 들어갈 수 없으니 진정한 의미에서 믿음의 사람이라고 할 수 없기 때문일 것이다.

하나님께서 분명 물과 성령으로 거듭나지 않으면 결단코 천국에 들어갈 수 없다고 하신 말씀에 주목해야 한다. 그래서 기도 많이 하는 영적 능력이 있는 목사들은 탄식하며 회개의 불길이 타올라야 한다고 부르짖고 있는 것이다.

성직자의 권위는 땅에 떨어지고, 세상의 소금이 되고 빛이 되어야 할 피로 값 주고 산 하나님의 교회들이 세상에서 비난의 대상이 되고 있다. 참으로 주님의 교회들이 위기에 직면해 있다.

지금의 성도들은 옛날 성도들처럼 순수하지도 않고 헌신하고 봉사하기를 싫어하며 편하게 믿으려 하고, 큰 교회만 찾아다니며 아무것도 안 하고 편하게 천국 가고 싶은 사람들로 채워져 있다. 이제는 청년들까지 열정에 불타던 모습이 사라져가고 편하게 믿으려고 교사도 안 하려고 하여 주일학교 교사가 점점 없어지고, 성도들은 봉사하기 싫어하여 봉사할 성도들이 없어 도우미를 청하고 도시락을 주문하여 식사를 하는 지경에까지 이르렀다고 한다. 물론 그렇지 않은 교회도 있지만, 주님의 교회에서 있어서는 안 될 기이한 현상들이 일어나고 있다. 이것은 육신에 속한 그리스도인들이 많다는 증거이다. 그러므로 반드시 영의 사람,

성령의 사람이 되게 해야 한다. 영의 사람, 성령의 사람은 남이 하기 싫어하는 일을 찾아서 하게 된다.

믿음이 성숙해지면 저절로 사명 따라 좁은 길을 기쁨으로 가게 된다. 장로 득세로 영적 질서가 무너지고, 교권 다툼과 분쟁과 분열로 사랑과 평화가 사라지고, 은혜가 점점 식어 이에 실망한 젊은이들이 교회를 떠나고, 점점 성도들도 떨어지고, 헌금도 적어지고, 전도하는 자가 없어져 가고, 교회학교 교사도 안 하려고 하는 데다 저출산까지 겹쳐 교회학교가 없어져 가는 교회들이 늘고 있어 많은 교회가 위기에 처해 있다. 게다가 교회들이 문을 닫는 일이 많아져 가고 있어 주님의 교회들이 위기에 처해 있음을 자각하고 많은 교회가 영성 열풍으로 돌파구를 찾으려고 몸부림을 치고 있다. 영성이 아니면 큰일 난다는 심각성을 깨닫게 되었기 때문이다. 하나님의 도우심 없이는 아무것도 할 수 없다는 사실을 늦게나마 깨닫게 된 것이다. 그렇다! 하나님의 도우심이 없이 그 무엇을 할 수 있겠는가? 그래서 영성 열풍에 관심을 가지고 돌파구를 찾으려 하고 있다.

영성은 무엇인가? 영성은 그릇과 같다. 하나님의 능력을 담은 그릇이 영성이다. 하나님의 은혜와 축복을 담은 그릇이 영성이다.

하나님은 사람을 쓰시기를 원하실 때 찾으시는 것이 있다.

"큰 집에는 금 그릇과 은 그릇뿐 아니라 나무 그릇과 질 그릇도 있어 귀하게 쓰는 것도 있고 천하게 쓰는 것도 있나니 그러므로 누구든지 이런 것에서 자기를 깨끗하게 하면 귀히 쓰는 그릇이 되어 거룩하고 주인의 쓰임에 합당하며 모든 선한 일에 준비함이 되리라"(딤후 2:20-21).

하나님이 쓰시기에 합당한 그릇은 깨끗한 그릇이다. 크지 않아도 되고 힘이 없어도 되고 화려하지 않아도 된다. 그러나 깨끗해야 한다.

그러므로 반드시 회개하고 회개의 합당한 열매를 맺어야 하며 화평함과 거룩함을 이루어 하나님의 교회 안에서 사랑과 평화와 구원의 역사와 성령의 역사만 있게 해야 한다.

그리고 믿는 자 모두 아름다운 성령의 열매를 맺어야 한다고 하나님이 말씀하셨다. 그러므로 하나님의 말씀에 순종하는 믿음 생활을 위해 훈련과 연단을 받아, 하나님을 믿는 자는 뭔가 달라야 하며, 절제할 줄 알아야 하며, 욕심, 탐욕을 내려놓을 줄 아는 믿는 자의 미덕이 있어야 한다는 사실을 깨닫게 하셨다. 예수를 믿노라 하면서 행함으로 순종으로 그 삶을 통해서 보여줄 수 없다면 온전한 구원을 받았다고 할 수 없기 때문이다. 그러므로 야고보 사도는 "만일 믿음이 있노라 하고 행함이 없으면 무엇이 유익하리요 그 믿음이 자기를 구원하겠느냐"고 책망하고 있는 것을 깨달아야 한다.

구원받은 온전한 믿음은 하나님이 기뻐하신 그 뜻대로 순종함으로 삶을 통해서 보여줄 수 있기 때문에, 그리스도 영이 함께 한 믿음은 분명 아름답고 빛난 믿음 생활을 보여줄 수 있다. 자신이 이런 믿음 생활을 하고 있지 않다면 속히 회개하고 주께 돌아와야 한다. 사람이 육체와 영이 분리되면 죽는 것처럼 영 또한 하나님과 분리되면 영은 죽게 되어 있기 때문이다. 영이 죽는다는 것은 구원받을 수 없다는 증거이므로 예수를 믿는다고 하면서 행함으로 그 믿음을 보여줄 수 없다면 속히 회개하고 주께 돌아와야 한다.

그리고 구원받는 자는 누구나 가기 원하는 꽃길, 비단길, 넓은 길은 멸망으로 가도록 사탄이 만들어 놓은 길임을 깨달아야 한다. 그러므로 정신을 차리고 깨어 기도하며, 우는 사자와 같이 덤벼 삼키려는 사탄 마귀에게 붙들려 불의의 병기로 쓰임 받지 않도록 조심해야 한다. 오직 은혜 베푸시길 좋아하시는 예수님의 능력으로 힘을 입어, 예수 능력 예수 권세로 악한 유혹을 물리치며, 오직 죄인의 자리에서 의인의 자리에 서야 하며, 의의 병기로 쓰임 받아 하나님의 기쁨이 되는 복된 삶을 살아야 할 것이다.

나를 본받으라 하신 수님의 애타는 음성을 외면하지 말아야 하며, 본이 되고 귀감이 되고 일어나 어둠을 물리치는 빛을 사방에 발하기 위해 모두 일어나 교회는 등대같이, 성도들은 일어나 빛이 되고 어두움을 물리칠 수 있도록 전신갑주를 입고 죽도록 충성해야 한다고 하셨다.

그리고 사랑의 사람이 되어야 한다고 하셨다. 부족함이 없으신 전능하신 창조주 하나님도 사랑받기 원하셨다. 그러므로 하나님을 사랑하고, 서로 사랑해야 하며, 이웃사랑을 실천해야 하며, 사명을 위해 죽도록 충성해야 한다고 하셨다.

'죽도록 충성하라.' 죽도록 충성하는 자는 내가 환란 많은 종말기 중에서 기근과 질병과 사망에서 보호하다가 대환란을 당할 즈음 들림(휴거)받게 하시겠다고 약속하셨다. 들림 받도록 하시겠다 하신 하나님의 크고도 놀라운 축복을 받도록 사명에 충성을 다해야 할 것이다.

그리고 또 하나 기억해야 할 것이 있다. 그리스도의 영이 함께하는 그리스도인들은 낮은 곳으로 하나님의 은혜가 흐르고 있다는 사실을 알고 있기 때문에 자신은 낮아지고 상대를 높이며 최고 낮은 자리인 주님이 지신 십자가의 자리까지 낮아질 수 있다.

'누구든지 그리스도 영이 없으면 그리스도의 사람이 아니니라.' 이 말씀을 주목하고 내가 물과 성령으로 거듭난 그리스도의 영이 함께 하는 그리스도인인가 늘 살펴야 한다. 온전한 믿음은 믿음과 행함이 절대 분리될 수 없다.

〈하나님이 기뻐하시는 목회〉

목회는 지식, 학문으로 하는 것이 아니라 복음의 능력, 성령의 능력으로 해야 한다고 하시며, 하나님의 능력을 받아 능력 있는 목회자가 되어야 한국교회의 막중한 사명을 감당할 수 있다고 하셨다. 박사학위만 받으려 하지 말고 능력을 받아 하나님의 능력으로 목회하는 능력 있는 목회자가 되어야 한국교회 막중한 사명을 감당할 수 있다고 강조하셨다.

〈영락교회 한경직 목사님〉

　모든 교회와 목사들의 귀감이 되는 영락교회 한경직 목사님께서 목회자들이 어떻게 살아야 하는지 몸소 본을 보여주셨다. 영락교회는 부자 교회지만 나눠주는 교회를 대표하는 모범적 교회이다.

　한경직 목사님은 은퇴하실 때 최고의 대우를 받으셨지만 모든 재산을 다 가난한 이웃과 어려운 환자들에게 나눠주고, 조그마한 오막살이에서 낡은 책상을 버리지 않고 고쳐 쓰는 검소한 삶으로 우리들의 본이 되셨다. 가진 것은 자신을 위해 쓰지 않고 어려운 이웃에게 나누어주며 검소하고 소박하게 사시다 가셔서 모든 목회자의 귀감이 되셨다.

〈교회에서 민권이 있어서는 안 된다고 하신 하나님〉

　'민권'이란 말세에 성도들 즉 성도의 대표인 장로들이 득세하여 강단의 종인 목회자들을 간섭하거나 대적하는 것을 의미한다. 이것은 말세가 되었다는 징조로서 목회자들이 장로들의 등살에 목회하지 못하겠다고 하는 때가 올 것임을 30여 년 전에 알게 하셨다.

　하나님께서 주님의 피로 값 주고 교회를 세우시고, 교회의 총책임자로 담임목사를 세우시고, 하나님의 뜻을 이루도록 하기 위해 강단의 종 담임목사에게 그 누구도 간섭할 수 없는 성직자의 권위를 주셨다. 하나님이 세우신 성직자는 오직 하나님만 간섭할 수 있으며 그 누구도 간섭해서는 안 된다고 하셨다. 내가 세웠으니 나만 간섭할 수 있다고 하셨다.

그런데 지금은 말세가 되어 말세 징조인 민권 즉 성도 대표인 장로들이 득세하여 목회를 간섭하고 하나님의 교회를 좌지우지하고 있다고 한탄하셨다. 그것은 마치 모세와 아론의 관계와도 같은 것이라 하셨다. 개인적으로는 아론이 형이지만 동생인 모세를 받들고 협력해야 함과 동일함을 깨우쳐 주셨다. 누나인 미리암이 모세가 구스 여인을 취하는 것을 보고 이를 지적하고 간섭하려 할 때 나병에 걸리게 하신 것과 같이 간섭한 자는 먼저 치시겠다고 하셨다. 그리고 죄를 지은 종도 후에 치시겠다고 하시며, 설령 죄 때문이라고 해도 간섭하지 말라고 하셨다.

그런데 심지어 목회를 간섭하는 장로가 득세하는 교회 중에는 목사를 대적하는 일까지 있는 교회가 적지 않았다. 뿐만 아니라 장로가 되면 교회에서 어른 노릇을 하는 것으로 착각하는 교회가 적지 않았고, 장로가 되면 더욱 충성해야 하는데 충성하기는커녕 아무 일도 안 하고, 목회를 간섭하는 것이 장로의 사명인 양 하나님의 교회를 좌지우지하는 무섭고 두려운 일을 서슴지 않고 하는 교회들이 점점 많아지는 모습을 보게 하셨다. 그리고 이런 일이 얼마나 무서운 죄인가를 알리라고 하셨다.

장로가 되면 더욱 충성하며 본을 보여야 하건만, 장로가 된 후 집사 때 충성하던 헌신과 봉사도 안 하고, 교회 예배 참석도 주일 낮 예배만 참석하고 다른 예배는 아예 참석하지 않고 있는 교회들이 많아지고 있었다. 그래서 하나님께서 심히 분노하시며 무섭게 심판하시겠다고 경고하셨다. 하나님으로부터 속히 회개하지 않으면 무섭게 심판하시겠다는 경고를 받고 책망을 받고 있는 장로들이 점점 많아지고 있음을 보게 하시고 한탄하셨다.

그리고 강단의 종 목회자들은 책임지고 목회자의 고유권한을 장로들에게 빼앗기는 일이 없도록 성도들을 실망시키는 실수나 오류를 범해서는 안 된다고 하시며 담임목사에게도 엄히 경고하셨다. 목사가 영적으로 무능하거나 죄를 지으면 성직자의 권위도 잃을 것이며, 힘 있고 능력 있는 목회를 할 수 없다 하셨다. 그리고 절대 실수하거나 오류를 범하면 큰일 난다고 하셨다. 하나님으로부터 무섭게 책망받으며, 못된 목자라고 칭하시며 속히 회개치 않으면 무섭게 심판하시겠다고 하셨다. 그것은 마치 다윗 왕을 끔찍이 사랑하셨던 하나님이시지만 우리아 장군의 아내를 강간하고 이 일을 숨기려다 우리아 장군에게 해서는 안 될 죄를 지은 다윗 왕을 용서하지 않으시고 무섭게 심판하신 것과 같다고 하셨다.

그러나 아주 고약하고 아주 못된 장로를 만나면 그 누구라도 곤욕을 치를 수 있다는 것 또한 알 수 있었다. 주님께서는 기름 부어 주의 종으로 세우신 목회자를 간섭하거나 대적하는 장로들에게 몹시 분노하시며 "화 있을진저 못된 장로들이여, 속히 회개하고 변하여 새사람이 되지 못하면 찍혀 불에 던짐을 받을 것임을 알라." 하셨다. 하나님은 하나님이 기름 부어 세우신 목사들을 간섭하고 성직자의 권위에 도전하는 것을 아주 싫어하셨다. 상보도 기름 부어 세움 을 받았고 같은 교회 최고기관인 당회원이지만 결코 당회장은 될 수 없음을 깨우쳐 주셨다.

지금은 말세가 되어 말세 징조인 민권은 사탄이 교회를 덫에 걸려 넘어지게 하려는 음모이므로 절대 이 일에 말려들어서는 안 될 것이다. 하나님이 가장 싫어하시는 죄에 말려들지 말아야 한다.

〈고당 조만식 장로님〉

　우리나라의 위대한 정치 지도자였고 기독교 역사를 빛내게 했던 조만식 장로님에 대한 유명한 일화가 있다. 조 장로님은 제자였던 주기철 목사님을 산정현교회의 담임목사로 청빙하여 깍듯이 보필하고 섬겼었다. 그 당시도 장로님은 독립운동가였고 애국자로도 유명한 분이었다.
　어느 주일날 조 장로님은 독립운동 관계로 손님과 이야기하다가 늦게 예배당에 참석하게 되었다. 그때 주기철 목사님은 자신을 가르친 스승이고 연세가 훨씬 많으신 조 장로님에게 강단에서 "장로님, 예배에 늦으셨으니 오늘은 의자에 앉지 마시고 서서 예배를 드리십시오."라고 말했다는 것이다. 조 장로님은 주 목사님이 말한 그대로 서서 예배를 드렸는데, 주 목사님이 설교 후 '아차 내가 너무 가혹하게 한 것은 아닌가' 하는 생각이 들어서인지 조 장로님에게 기도를 부탁했다. 그런데 그 기도의 내용을 보면 지금 우리의 모습을 돌아보게 된다.
　"하나님, 이 죄인을 용서해주십시오. 애국한답시고 사람들을 만나다가 하나님을 만나는 예배 시간에 늦게 왔습니다. 주 목사님께서 얼마나 속이 상했으면 설교하시다가 책망하셨겠습니까? 주의 종의 마음을 아프게 한 죄를 용서해 주세요. 장로가 되어가지고 성도들의 신앙에 모범이 되지 못한 죄를 용서하소서."

이렇게 회개하고 자복하는 장로님의 모습은 우리 모두에게 깨우침을 주는 일화로 유명하다. 모든 목사에게 모범이 되신 주기철 목사님과 모든 장로의 모범이 되신 조만식 장로님. 이 두 분은 기독교 역사를 빛나게 했다. 주기철 목사님은 순교자이기도 하셨다.

〈거지를 품고 전도하신 목회자 부부〉

동아교회 문경희 사모님이 〈새롭게 하소서〉에 출연하여 간증하신 것을 보고 많은 감동을 받았다.

문경희 사모님의 모습은 은혜가 넘쳤고 천사처럼 아름답게 보였다. 뿐만 아니라 강창훈 목사님과 사모님은 우리 부부보다 기도를 많이 하는 분들이고, 믿음이 깊고 영적 능력 있는 분들이라는 것을 다시 한번 깨달을 수 있었다. '그래서 유명한 부흥사 부부로 하나님께서 크게 쓰고 계시는구나.' 깨달을 수 있었다.

〈새롭게 하소서〉에서 문경희 사모님의 간증을 듣고 나도 가난하고 병든 자를 많이 품고 도우며 살아오려고 힘썼지만, 거지까지 품는 강 목사님과 문경희 사모님을 보면서 나 자신을 돌아보았다. 나는 비위가 약해서 거지를 품을 수 없을 것 같았다. '주님의 마음을 가지고 거지까지 품을 수 있는 두 분은 참으로 훌륭한 분들이구나!' 새삼 깨달을 수 있었고 고개가 절로 숙어졌다.

우리 부부도 초대교회를 이루라는 사명을 받고 전 재산을 바치며 생명을 바치는 마음으로 개척하여 오늘의 청죽교회를 세웠다. 또 하나님의 기뻐하신 뜻대로 목회하기 위해 부자나 가난한 자나 힘 있는 자나 힘 없는 자나 차별 없이 동등하게 한 사람 한 사람을 자식처럼 품고 아끼고 사랑하며 하나님께 칭찬받는 목회를 하기 위해 우리 자신의 유익을 구하지 아니하고 오로지 하나님의 기뻐하신 선한 목자의 사명을 다하기 위해 힘써왔다.

그러나 냄새나고 벌레와 이가 득실거리는 거지를 상대로 목회를 하지는 못했다. 비위가 약하다는 핑계를 대며 거지들을 가슴에 품지 못했었다. 그런데 강창훈 목사님과 문경희 사모님은 거지를 상대로 쉽지 않은 전도를 했다는 간증을 듣는 순간 한 대 얻어맞는 것 같았다. 벌레와 이가 득실거리고 냄새나고 더러운 거지 굴에 들어가 더러운 그릇으로 대접하는 차를 맛있게 드셨다는 간증은 참으로 내게 신선한 충격을 주었다. 나는 냄새나고 더러운 거지 굴에 들어갈 수 없었을 것이다. 더구나 그들이 주는 차는 마실 수 없었을 것이다.

그런데 천하보다도 귀한 영혼을 구원하기 위해 예수님의 마음으로 거지까지 전도하신 두 분께 박수갈채를 보내고 싶다. 우리 부부 곁에는 이처럼 참으로 훌륭한 신앙의 본이 되는 분들이 많이 계셔서 뿌듯하고 감사한 마음뿐이다.

〈새롭게 하소서〉에 출연한 문경희 사모님에 대한 글을 쓰다 보니 오래전에 남편과 함께 〈새롭게 하소서〉에 출연했던 일이 떠올랐다. 그리고 그때 사회자로부터 『사모학』을 쓰게 된 동기에 대한 질문을 받고 답변했을 때 받았던 아픔이 다시 생각났다.

『사모학』을 쓰게 된 동기가 교회에서 있었던 일들을 기록하게 하여 책을 쓰게 하시려는 하나님의 손에 이끌리어 쓰게 되었다. 그리고『사모학』을 출판하여 이름도 없었던 무명의 개척교회 사모에서 하루아침에 유명한 사람이 되어 교단과 교파를 초월하여 각종 행사에 강사로 초빙받는 기적 같은 일이 있도록 하셨고, 하나님의 은혜로 〈새롭게 하소서〉에 초청받게 되었다.

그런데 그때 사회자로부터『사모학』을 쓰게 된 동기를 물어 답하는 중에 여러 교회에 있었던 목사님들의 실덕을 간단하게 이야기하게 되었는데, 사회자가 그렇게 믿어지지 않는 체험을 하시고 능력을 받았으면서도 아직도 용서가 안 되었느냐는 얼토당토않은 질문을 하여 당황하고 난감하여, 그 후로는 여러 곳의 출연 요청을 받았는데도 나가지 않았었다. 말이란 '아' 다르고 '어' 나르다고 하는데 참으로 황당한 일을 당했던 그 날의 일이 떠올라 참으로 씁쓸했다.

지극히 작은 자에게 한 것이 곧 나에게 한 것이라 하시며 기뻐하실 주님이심을 알고 있기에 거지의 영혼까지 구원시키기 위해 거지까지 품을 수 있는 두 분께 한국 최고의 훌륭한 목회자 부부라는 찬사와 함께 머리 숙여 경의를 표하고 싶다.

〈온라인 예배를 선호하는 성도들〉

코로나바이러스로 전 세계가 두려움에 떨고 있는 이때, 하나님을 믿는 자가 위로와 격려와 힘이 되어 줘야 하는데, 불신의 모습을 보게 되었다.

얼마 전 어느 교회에서 한 성도가 자기 담임목사에게 "목사님, 죄송하지만 앞으로는 심방도 오시지 말고, 전화도 하지 말아 주세요." 했다는 말을 들었는데, 교회에 나가지 않고 편하게 집에서 인터넷으로 예배드리겠다는 말이 아니겠는가. 이러한 신자가 이 사람뿐이겠는가?

잠시 제대로 교회에서 예배를 드리지 못하고 온라인 예배로 드렸다고 해서 믿음이 약해졌다면 그것은 예수의 생명이 없는 육에 속한 그리스도인일 것이다. 만약 영에 속한 그리스도인이었다면 그 정도 일로 믿음이 약해지지 않는다. 내 안에 예수의 생명이 있기 때문이다. 주님께서 "너희 믿음이 어디 있느냐? 과연 구원받을 믿음이 있는가?" 묻고 계신다.

우리의 믿음의 선배들은 주님이 인정하신 믿음 생활을 하기 위해 밤을 새워 기도했던 열정이 있었다. 그래서 순수하고 은혜가 충만하여 사랑이 가득하고 서로 봉사하려고 했고, 십 리 이십 리를 걸어서도 교회를 빠지지 않는 진실한 믿음이 있었기 때문에 교회 부흥을 일으킬 수 있었다. 지금은 부흥이 아니라, 문을 닫는 교회가 많아지고 있다고 하나님은 다시 이전의 모습을 찾길 원하고 계신 것 같다.

사탄은 우리 마음에 가라지와 불신의 마음을 심어 천국이 아닌 지옥으로 끌고 가기 위해 수단과 방법을 가리지 않고 있음을 알아야 한다. 지금 바로 이때 우리의 믿음이 진짜인가 가짜인가가 드러나는 것 같다. 더 이상 하나님을 멸시하는 불신앙의 죄를 지어서는 안 될 것이다.

왜 이런 일이 벌어지고 있는가? 그것은 깨어 기도하지 않았기 때문이고, 하나님을 가까이하려고 힘쓰지 않았기 때문이다. 다시 말하거니와 깨어 생명 걸고 기도하지 않았기 때문이다. 분명 열심을 다해 신앙 생활하려고 노력하지 않았고 힘을 다해 예배드리려고 하지 않았기 때문이다.

우리 신앙생활이 열심을 다하지 않을 때, 기도 생활이 불규칙할 때 악한 영들의 공격을 받아 우리의 영은 미지근하고 안일하고 나태해진다. 그래서 우리 기도가 형식적이고 습관적이면 우리 신앙이 위험해진다. 성령으로 시작하여 육체로 마칠 수 있다. 이런 일이 계속된다면 마귀가 삼킬 수도 있다는 사실을 주목해야 한다.

우리의 싸움은 혈과 육을 상대하는 것이 아니요, 정사와 권세와 어둠의 세상 주관자들과 계속 싸우며 천국에 들어갈 때까지 예수의 이름과 권세로 믿음으로 승리해야 한다. 자칫하면 악한 영들에게 삼킴을 당할 수도 있기 때문이다. 베드로 사도도 깨어 근신하라고 경고하고 있다.

"근신하라 깨어라 너희 대적 마귀가 우는 사자 같이 두루 다니며 삼킬 자를 찾나니"(벧전 5:8).

PART 3

사 명

1. 성도의 사명

증오보다는 사랑을, 다툼보다는 평화를 택하는 교회가 되라

"내가 진실로 진실로 너희에게 이르노니 내 말을 듣고 또 나 보내신 이를 믿는 자는 영생을 얻었고 심판에 이르지 아니하나니 사망에서 생명으로 옮겼느니라"(요 5:24).

"그러므로 사람이 의롭다 하심을 얻는 것은 율법의 행위에 있지 않고 믿음으로 되는 줄 우리가 인정하노라"(롬 3:28).

"주께서 내 모든 죄를 주의 등 뒤에 던지셨나이다"(사 38:17).

"내가 다시는 너희 죄를 기억하지도 않겠다"(렘 31:34).

"하나님이 죄를 알지도 못한 이로 우리를 대신하여 죄를 삼으신 것은 우리로 하여금 저의 안에서 하나님의 의가 되게 하려 하심이니라"(고후 5:21).

"그러므로 이제 그리스도 예수 안에 있는 자에게는 결코 정죄함이 없느니라"(롬 8:1).

그리스도가 갈보리 산 위에서 희생하심으로 말미암아 우리는 의롭다 하심을 입었고, 정죄함을 받지 않는 은총을 입었다. 그 십자가의 죽으심으로 율법의 저주를 이기시고 우리 죄값을 치르시되 단번에 치르셨고, 또한 완전히 죗값을 치르셨다. 그것은 부활이 증명하고 있다. 만약 지극히 작은 한 가지 죄라도 남아 속죄하지 않았다면, 그리스도의 부활은 없었을 것이다. 그러면 영원히 무덤에 머물러 있게 되었을 것이다. 죄의 삯은 사망이기 때문이다. 즉 부활하심은 곧 주께서 죄의 삯인 사망을 이기신 속죄의 표적이 되는 것이다.

갈보리 산 위에서 지신 십자가의 희생으로 말미암아 죄인을 의인 되게 하신 주의 의를 힘입어 인간은 하나님 앞에 의인으로서 설 수 있게 된 은총을 입었다. 원죄도 자범죄도 전혀 없는 의인으로 거룩하신 하나님 앞에 설 수 있게 되었다. 과거의 죄, 현재의 죄, 미래의 죄까지 송두리째 짊어지신 것이다.

"우리가 아직 죄인 되었을 때에 그리스도께서 우리를 위하여 죽으심으로 하나님께서 우리에게 대한 자기의 사랑을 확증하셨느니라. 그러면 이제 우리가 그 피를 인하여 의롭다 하심을 얻었은즉 더욱 그로 말미암아 진노하심에서 구원을 얻은 것이니, 곧 우리가 원수 되었을 때에 그 아들의 죽으심으로 말미암아 하나님으로 더불어 화목 되었은즉, 화목된 자로서는 더욱 그의 살으심을 인하여 구원을 얻은 것이니라"(롬 5:8-10).

그러나 여기에서 주의할 것은 이미 구원받았으니 다시는 버림받지 않게 된다 하여 인간의 욕망을 따라 자유로이 살아도 상관없지 않으냐는 어리석은 생각이 있을 수 있다는 얘기다. 그러나 "친히 나무에 달려 그 몸으로 우리 죄를 담당하셨느니라"(벧전 2:24)고 했으니, 우리의 주 홍같이 붉은 죄를 씻기 위해 친히 나무에 달려 그 갖은 수치와 고난을 다 겪으신 대가로 죄의 정죄로부터 자유를 주셨는데, 감히 그 같은 배은망덕한 말은 있을 수 없을 것이다. 분명히 구원은 의로운 행함 때문이 전혀 아닌 주의 은혜로 구원받는 것은 분명한 사실이다. 그렇다고 구원의 확증을 얻었다 해서 자기 맘대로 자기가 하고 싶은 대로 살아도 상관없다고 생각한다면 큰 잘못이 아닐 수 없다. 하나님은 공의의 하나님이라는 사실을 망각해서는 안 될 것이다. 그리스도인에게 정죄함은 없지만, 그리스도인에게도 심판은 있기 때문이다.

"우리가 다 반드시 그리스도의 심판대 앞에 드러나 각각 선악 간에 그 몸으로 행한 것을 따라 받으려 함이라"(고후 5:10).

이 성경 말씀에 보면 죄인들이 받아야 할 심판이 있고, 모든 성도가 하나님 앞에서 빚게 될 심판이 있다. 그런데도 많은 크리스천이 "구원받은 사람이 죄 가운데 살다가 이 세상을 떠나면 어떻게 됩니까?" 하는 질문을 하는데, 이를 위해서 심판에 대해서 구체화시켜 보고자 한다.

(1) 정죄와 심판의 차이

"처음에는 믿는 자답게 충성하고 헌신을 다하다가 타락하여 죄에 빠져 세상 풍습대로 살다가 회개하지 않고 죽었다면, 이 사람은 구원받을까요, 받지 못할까요?" 하는 질문을 많이 받는다.

충성한 성도가 죄 가운데 빠지면 어떻게 될까? 분명히 구원의 은총을 받은 기독교인이 하나님의 사랑을 배반하고 세상과 짝하여 제멋대로 살다가 회개할 기회를 갖지 못하고 갑자기 불의의 사고를 당하여 이 세상을 떠났다면 그 사람은 과연 어떻게 되는 걸까? 그러나 필자는 '과연 진정한 크리스천이 이런 비뚤어진 인생관을 갖고 살 수 있을까?' 하고 반문하고 싶다.

『율법이냐 은혜냐』의 저자 엠 알 디한 박사는 말한다.

"죄에 빠진 신자가 회개할 기회를 갖기 전에 죽는다면 하나님은 어떻게 하실 것인가라는 문제에 대한 대답을 찾으려고 여러 사람이 애써왔습니다. 용서받지 못한 죄에 대한 문제의 해답을 찾기 위해 로마 가톨릭교회는 연옥설에서 그의 해결점을 찾습니다. 일반적으로 알미니안파 신자들은 구원받은 우리가 은혜에서 떨어지고 구원을 잃는다는 설을 주장합니다. 그런데 반면 이와 다른 대답을 하는 어떤 성결 교파가 있습니다. 그들은 말하기를 성화(聖化)된 사람만이 주님께서 오실 때에 환희 가운데 있게 되고, 성화되지 못한 사람은 일정한 시련기를 통해야만 한다고 합니다. 이런 모든 말은 확실히 '죄를 자백하지 못한 채 죽은 신자들은 어떻게 될 것인가?'라는 질문에 진지하게 답하려고 한 것입니다. 그러나 성경의 총괄적인 가르침에 비추어 볼 때 이런 것은 하나도 정확한 대답이 못됩니다.

그러면 어떻게 한 가지 정확한 해답이라도 있는가? 다른 해답들은 다 틀렸다고 일축해 버리기 전에 우리는 이 문제에 대해 성경적인 해석이 된다고 생각하는 것 중 제일 적합한 것 하나를 취하여 토론을 해야겠습니다. 우리는 하나님께서 자백하지 않은 죄에 대하여는 속수무책이라고 가르치는 학설은 결코 받아들일 수 없습니다. 성경뿐 아니라, 상식적으로라도 그리스도인이 되어 계속해서 죄 가운데 있어도 하나님께서 가만히 놔두신다고 주장할 수는 없습니다. 따라서 우리는 성경에 비추어서 이 문제를 다시 검토해 보아야 할 것입니다. 왜냐하면 우리에겐 상 받을 날이 다가오고 있으며, 이것은 아무도 피할 수 없다고 가르쳐주는 성경 말씀을 믿기 때문입니다.

그리스도인의 책임에 대한 균형 있는 믿음이 없이 그저 은혜라고 편파적으로 가르치는 것은 구원에 관한 한 비뚤어진 비성경적인 가르침입니다. 많은 사람이 은혜와 은혜로 구원받은 것과 은혜로 성장함을 얘기하는 데에 있어서 한 번 구원받으면 항상 구원받은 채로 그냥 있다는 인상을 주므로 그리스도인은 어떻게 살든 구원받은 은혜는 어떻게 행동하든 상관이 없고 다 좋다는 인상을 줍니다. 그들은 우리에게 영생을 '영원하다'고 말합니다. 물론 영생이 '영원하다'는 데에는 이론이 있을 수 없지만, 바로 그 사실 때문에 우리가 영생을 받은 사람처럼 살아야 한다는 것입니다. 만일 당신이 일단 구원만 받으면 악마를 위해서 살 수도 있고, 나 좋은 대로 살아도 되고, 결국엔 아무 차이가 없다는 것은 악마 자신의 거짓말입니다."

"우리가 다 반드시 그리스도의 심판대 앞에 드러나 각각 선악간에 그 몸으로 행한 것을 따라 받으려 함이라"(고후 5:10)고 했다.
분명히 행위 심판이 있다. 심는 대로 거두는 공의의 심판이다. 그러나 위대한 크리스천들은 상급을 위해서 일하지 않는다. 하나님의 영광을 위해서, 주님의 사랑에 보답하기 위해서, 성도의 의무로 알고 일한다. 더구나 구원받기 원함은 아닌 것이다. 우리는 구원받았고 또한 구원의 은총을 입었기에 은혜 입은 자답게 살아가기 위해 최선을 다하고 있을 뿐이다.

"구원은 행위에서 난 것이 아니고 하나님의 은혜에 의한 우리의 믿음으로 말미암은 것이니라"(엡 2:9).

"우리가 아직 죄인 되었을 때에 그리스도께서 우리를 위하여 죽으심으로 하나님께서 우리에게 대한 자기의 사랑을 확증하셨느니라"(롬 5:8).

이렇게 크고도 넓은 은혜를 입었으니 우리 생명까지 바쳐서 의롭게 살아가야 하는 것이 마땅한 도리일 뿐이다. 그러므로 크리스천이 죄에 빠져 죄와 더불어 먹고 마시다가 회개할 기회를 갖지 못한 채 죽었다면 어떻게 되느냐는 부끄러운 질문은 없어야 할 것이다. 구원은 행함 때문이 아니다. "나는 이제 구원받았다. 그러니 내 마음대로 행하고 살아도 상관없다."라고 말하는 사람이 있다면 이런 사람은 구원받은 성도 중에서 제외된 전혀 구원받지 못한 사람이든지, 아니면 무서운 심판대 앞에 서서 벌벌 떨게 되는 그날의 심판이 있다는 사실에 대해 따끔한 교훈을 받아야 할 것이다.

(2) 성도의 심판

> "만일 우리가 죄 없다 하면 스스로 속이고 또 진리가 우리 속에 있지 아니할 것이요, 만일 우리가 우리 죄를 자백하면 그는 미쁘시고 의로우사 우리 죄를 사하시며 모든 불의에서 우리를 깨끗하게 하실 것이요, 만일 우리가 범죄하지 아니하였다 하면 하나님을 거짓말하는 자로 만드는 것이니 또한 그의 말씀이 우리 속에 있지 아니하리라"(요일 1:8-10).

하나님은 죄지은 성도들이 솔직하게 죄를 고백하기를 기다리고 계신다. 보혈로 깨끗한 몸을 입었지만 약한 인간이기에 죄를 범하게 되는 약함을 아신다. 또한 더럽혀진 성의가 깨끗하기를 원하고 계시며, 깨끗이 씻겨 주려 하신다. 그러나 분명하게 알아야 할 것은, 회개하고 죄를 짓고 또 회개하는 등 계속해서 습관적으로 죄를 짓는 성도에 대해서는 기뻐하시지 않고 관용하기를 거부하는 무서운 하나님이시라는 사실이다. 그러면서도 죄를 자백하면 용서해 주시는 사랑의 하나님이시다. 또한 구원받은 성도가 죄를 범하고도 회개를 싫어할 때 채찍을 들어 깨닫도록 강권적인 하나님의 사랑을 보여주시기도 한다. 그래서 깨끗하게 하신다.

"주께서 그 사랑하시는 자를 징계하시고 그의 받으시는 아들마다 채찍질하심이니라 하였으니, 너희가 참음은 징계를 받기 위함이라. 하나님이 아들과 같이 너희를 대우하시나니 어찌 아버지가 징계하지 않는 아들이 있으리요. 징계는 다 받는 것이어늘 너희에게 없으면 사생자요 참 아들이 아니니라, 무릇 징계가 당시에는 즐거워 보이지 않고 슬퍼 보이나 후에 그로 말미암아 연단 받는 자들은 의와 평강의 열매를 맺느니라"(히 12:6-11).

"이는 곧 물로 씻어 말씀으로 깨끗하게 하사…"(엡 5:26).

하나님은 죄에 더럽혀진 성도를 깨끗하게 하시는 방법이 있는데, 성도 스스로 죄를 깨닫고 자복하도록 부드러운 방법을 쓰신다. 이 법에 따라 순응하지 않는 강퍅한 성도들에겐 고난을 통해서 깨닫게 하신다. 실패의 고난, 질병의 고난, 가난의 고난 등을 들 수 있다. 그래도 깨닫지 못한 성도는 죽음의 고난을 통해서까지 하나님의 일을 하신다는 사실을 기억해야 할 것이다. 하나님은 성도들이 의로우신 그리스도같이 되기를 바라신다.

에베소서 5장 26절의 "깨끗하게 하다"는 '씻어낸다'는 뜻인데, 이 말은 성도 스스로 자백함으로 깨끗해지는 것이 아니다. 자백하기를 꺼리므로 직접 깨끗해질 때까지 세척하신다는 말이다.

고린도전서 11장에 보면 "그러므로 누구든지 주의 떡이나 잔을 합당치 않게 마시는 자는 주의 몸과 피를 범하는 죄가 있느니라. 사람이 자기를 살피고 그 후에야 이 떡을 먹고 이 잔을 마실지니 주의 몸을 분변치 못하고 먹고 마시는 자는 자기의 죄를 먹고 마시는 것이니라. 이러므로 너희 중에 약한 자와 병든 자가 많고 잠자는 자도 적지 아니하니, 우리가 우리를 살폈으면 판단을 받지 아니하려니와 우리가 판단을 받는 것은 주께 징계를 받는 것이니 이는 우리로 세상과 함께 죄 정함을 받지 않게 하려 하심이라"(고전 11:27-32)고 했다.

이 말씀 속에 두려움을 가지고 다시 한번 말씀과 양심의 거울에 자신의 모습을 비춰 보고 깨끗한 모습인가 거룩한 신앙인가 살펴보아야 할 것이다. 죄를 자백할 때까지 병에 시달리게 하시다가 그래도 깨달음이 없을 때는 그 병에서 구원받지 못하고 영원한 나라로 불려가기도 한다. 그뿐인가 사랑하는 가족의 생명을 잃어버리는 경우도 있다. 성도가 성도답게 바로 살지 못하고 죄를 범하고 그 죄를 자백하지 않은 결과 때문에 병들거나 약하거나 죽었다고 기록되어 있다.

> "이러므로 너희 중에 약한 자와 병든 자가 많고 잠자는 자 적지 아니하니 …"(고전 11:20).

"죄에 대하여 죽은 우리가 어찌 그 가운데 더 살리요"(롬 5:27).

"자기 앞에 영광스러운 교회로 세우사 티나 주름 잡힌 것이나 이런 것들이 없이 거룩하고 흠이 없게 하려 하심이니라"(엡 5:27).

'티'는 솔이나 물로 씻어 없앨 수 있다. 그러나 '주름 잡힌 것'은 뜨거워진 다리미로 문질러 다려야만 없어진다. '티'는 불신 세상에 살 수밖에 없는 육신의 생활이므로 세상과 더불어 살다 보면 생기기 쉬운 약점을 말한다. 인간 고민이 여기에 있다. 그런데 '주름 잡힌 것'은 오랫동안 한 곳에 앉아 있을 때 생기게 되는데, 이 말의 뜻은 곧 주의 일을 위해 바쁘게 봉사, 헌신, 몸 바쳐 일하지 않는 성도를 가리킨다.

주님은 피를 흘려 몸 된 교회를 세워 주셨는데, 그 교회를 아끼고 사랑하고 희생, 봉사하지 않고, 충성을 다하지 않는 성도들을 하나님은 보고 계시며 조만간에 그들을 심판하신다는 말씀이다. 그들이 심은 대로 지불되는 보응의 날이 되게 하신다는 뜻이다. 그러므로 주의 징계가 오기 전에, 행위대로 심판하시는 그날이 오기 전에 깨어 빨리 돌이켜야 할 것이다. 행위대로 심판하시는 그날이 임하기 전에 겸손히 무릎 꿇고 자백하여 그의 용서를 받고 깨끗함을 입어야 한다. 장차 사후의 심판도 두렵거니와 현재 심판하시는 하나님의 심판의 날이 다가오고 있다는 것을 깊이 새겨 두어야 할 것이다.

특히 하나님이 기름 부어 세우신 종들을 대적하지 말아야 한다. 그 원인을 묻기 전에 결과가 성도에게 치명적이라는 사실을 말하지 않을 수 없다. 성직자는 하나님이 보내신 하늘의 전권대사, 즉 하나님의 대리자이다. 그래서 어떤 이유를 막론하고 하나님은 주의 종을 괴롭게 하는 자는 결코 용납하시지 않는다. 마치 일본 대사가 잘못했다 해도 우리 한국에서 권한 밖의 일이라 결코 관여할 수 없고 오직 일본 정부에서만 그를 심판할 수 있는 것과 같은 이치다. 잘났거나 못났거나 하나님이 세우신 종이라면 그것은 하나님의 권한에 있고, 성도들은 주의 종에 대해서는 권한 밖의 일이라는 사실을 알아두는 것이 현명할 것이다.

  필자 자신이 이런 말을 하는 것은 매우 어렵고 괴로운 일 중의 하나이다. 그러나 말하지 않을 수 없는 고충이 여기에 있다. 사실『사모학』의 핵심이 무엇인가 하는 것은 깊이 기도하는 영적 지도자들이라면 알았을 것이다. 사모에 관해 이러쿵저러쿵했던 것은 살이요, 뼈는 '주의 종이 바로 서야 한다'는 것이다. 아무튼 두려운 것은 성직자가 바로 서야 교회가 바로 서고, 교회가 바로 서야 사회가 바로 선다는 사실을 외면할 수 없다는 점이다. 그런데 과연 그런가? 성직자의 비리에 분노하여 일어서는 성도들, 그러나 인내할 줄 아는 지혜로운 성도가 되는 일에 힘써야 할 것이다.

  하나님은 주의 종들의 죄를 묻기 전에 먼저 성도에게 묻는다는 사실에 그것이 공평하신 하나님의 섭리냐고 반문하겠지만, 왜 그런지 그건 길 알 수 없으나 모세의 예에서 그 교훈을 찾을 수 있다. 모세는 후처를 얻었기 때문에 분명 옳지 못한 죄를 지었다. 그가 백성들로부터 비판을 받는 것은 당연하다. 그 누이 미리암의 말은 사리에 맞는 말이었다.

그런데 당연한 비판의 소리를 한 그에게 재앙이 내렸다. 분명 옳은 말을 했을 뿐인데, 미리암은 나병환자가 되었다. 얼마나 무서운 일인가. 누가 이 책임을 지겠는가?

오늘날 교회 부패와 일부 주의 종들의 타락은 노골화되고 있다. 광주 민주화운동 같은 것도 정치 지도자의 책임으로 돌리기 전에 기독교 지도자의 죄 때문이라는 사실을 부인할 수 없을 것이다. 기독교 역사상 유례없는 한국교회의 성장은 세계를 놀라게 하고 있다. 찬란하게 솟아오르는 빌딩 같은 교회 탑들, 내가 질세라 한 치라도 더 높이 세우려는 경쟁 속에서 높아가는 맘모스 교회들, 그 속에서 예배드리는 것을 과시하는 구름 떼 같은 신도들, 큰 교회, 많은 사례 받는 목사, 고급 자가용 굴리는 그들이 진정 성공적인 목회자 상일까?

한국에 기독교가 처음 들어올 때 숱한 환란을 당하면서 극심한 박해 속에서도 신앙 양심과 사명을 위하여, 한 마리의 양을 구원하기 위하여 생명 바친 목자의 수고와 희생은 다 어디로 갔는가? 그 날의 선구자들의 생명 바친 순교가 없었던들 오늘날 이와 같은 기독교의 번영은 있을 수 없었을 것이다.

또한 영광의 순교자의 반열에서 탈락되었다고 안타까워하는 산 순교자들의 피맺힌 눈물의 기도와 희생을 통해 복음전파, 자주독립, 민족교육, 계몽운동을 펴 민중을 일깨우고 새 시대 새 역사를 위해 앞장선 위대한 선구자들의 아름다운 얼을 한번 생각해 봐야 한다. 그러므로 역사는 말하고 있지 않은가. 한국의 새 시대의 역사는 기독교 때문이었다고.

그러나 지금은 무엇을 자랑할 것인가? 큰 교회 건물 그것만으로 만족하기에 충분한 것인가? 문제가 많고 암투가 많은 교회, 성도들 간의 보이지 않는 장벽은 두터워만 가고 있지 않은가. 양보할 줄 모르고 서로 높은 자리에 앉기 위해 투쟁과 분열 속에 병들어 간 영혼들, 메말라간 사랑, 피곤하여 포기해 버린 평화, 하나님이 주신 사명을 개인적 영달의 수단인 양 착각하여 양보하지 않고 자리를 지키는 것만 생명의 길인 양, 성도들이 상처를 입건 말건, 교회가 피해를 보건 말건, 자신의 위치만 튼튼하게 만들어 놓고 그 자리만 지키면 된다는 몇몇 교회 지도자들! 늘어가는 지도자들의 타락성을 부인할 수 없다.

이에 맞서 일어서는 성도들. 그들은 "양을 위해 생명 바치지 않는 목자는 참 목자가 아니다. 그런 목자는 우리 교회에 필요 없다." "은혜가 없다, 자격이 없다." "용서할 수 없다. 물러가라. 사표를 내라."고 소리친다. 도장을 찍고 고소를 하고 강단에서 멱살을 잡고 끌어내리며 욕하고 때리고 다투어 비 크리스츤 기자에 의해 수치스런 모습이 찍혀 신문에 실리고, 비 크리스천 재판관 앞에서 재판을 받고 비난을 받고, 그들의 권유에 따라 화해하고 돌아온 교회들.

그곳엔 사랑도, 평화도 이미 없다.

대부분 교회 싸움은 하나님을 위해서라고 거창하게 떠들어댄다. 주의 영광을 위해서라고 쉽게 말한다. 주님에겐 폭력이 없다. 어떤 다툼도 분쟁도 분열도 없다. 인내, 용서, 사랑뿐이다.

하나님의 나라는 싸움이 있을 수 없는 평화의 나라다. 잘잘못을 가리고 시비하는 곳이 아니다. 교회의 분쟁은 종식되어야 할 것이다. 어떤 경우에도 용납되지 않는 일이다. 기독교의 유일한 능력은 사랑일 뿐이다. 그런데 한국 크리스천은 일본에서도 미국에서도 서로 다툰다는 말을 자주 듣고 보았다. 왜 한국 민족이 들어간 교회마다 분열이 있고 다툼이 있는지 참으로 한심한 노릇이다. 여기에 오늘날 크리스천의 고뇌와 아픔이 있다. 그 책임이 특정 인물에 있는 것이라고 말할 수는 없다. 그것은 우리의 공동 책임인 것이다.

 성도도 목사를 잘 만나야 하는 것처럼, 목사 역시 성도를 잘 만나야 편한 목회를 한다는 사실은 분명하고도 확실한 일이다. 그런데 양을 위해 땀과 눈물의 기도와 생명을 아끼지 않는 목사의 희생을 모르는 성도들이 있고, 오히려 달려드는 경우도 많다. 억울하게 당하는 경우도 많다는 말이다. 그러나 그것이 곧 목자의 고독한 숙명이 아닌가 싶다. 그러기에 십자가의 길이라고 했으리라.
 그런데 성도들은 주의 종들의 아픔을 모른다. 그 뼈가 깎여지는 고통을 안다면 어떻게 그 눈에서 피눈물을 흘리게 할 수 있겠는가. 선한 목자이신 예수 그리스도를 대신해서 목자로 세움을 받은 성직자를 마음 아프게 하지 말아야 한다. 하나님께서 어떤 죄보다 하나님이 세운 종을 괴롭게 하는 일을 용납하시지 않기 때문이다. 혹 죄를 범했거나 치명적인 실수를 저질렀다 해도 마찬가지다. 절대 괴롭히지 말아야 한다. 주의 종을 간섭하는 일은 권한 밖의 일이다.

 "내가 피로 값을 주고 산 교회를 강도의 소굴로 만들었으니 그날의 나의 분노는 극심하리라. 그러나 나의 종들을 판단하지 말라. 내가 세운 종은 나의 것이니 내가 치리라. 그러나 나의 종을 대적하는 자를 먼저 치리라."

 이 말씀은 신비한 환상 중에서 받은 계시인데, 이 말씀을 듣는 순간 하나님은 하나님이 세운 종을 자신이 책임지신다는 사실과 그 누구도 간섭하지 못하도록 하신다는 사실을 알 수 있었다. 그런데 요즈음 주의 종들을 너무 쉽게 비판하고 간섭하고 대적까지 하는 일을 두려워하지 않는 모습을 보고 두려움을 느끼지 않을 수 없다. 그것은 곧 자해행위와 같다는 것을 알리고 싶다.

 어느 교회에서 교역자와 다툼이 있어서 그 교역자를 고소한 일이 있었다. 내가 알기로도 그 원인이 분명 목사에게 전적으로 있었다. 그런데 그 목사를 대적한 성도는 지금 질병으로 고생하고 자녀 진학 길이 막히고 자녀들이 고통당한 일이 있었다. 나는 그들이 당하는 고난의 원인을 이해할 수 없었다. 순종 잘하고 대접도 잘하는 순수하고 성실한 성도였기 때문이다. 그런데 신비한 체험 중에 그 의문이 풀렸다.

"그는 내가 세운 종을 대적했기 때문이니라."

 순진한 성도를 분노케 하는 것이 전적으로 목회자의 잘못 때문일지라도 하나님은 용납하지 않으신 것이다. 인간의 상식을 초월한 신비한 하나님의 세계요 섭리가 아닌가 한다.

 그렇다고 한다면 교역자의 책임이 얼마나 막중한가. 성도는 성도로서의 의무가 있다. 그것은 어떤 이유든 종을 대적하지 않는 일이요, 자기의 일에 충실하는 것이며, 교회 평화를 위해 희생하는 것이다. 질서의 하나님은 교회 질서를 원하고 계신다. 못났든 잘났든 목사는 하나님의 대리자로서 세우심을 받았다는 사실을 잊지 말아야 할 것이다.

목사와 장로는 교회 지도자이다. 마치 모세와 아론이 이스라엘 영도자였던 것처럼. 그러나 하나님은 두 지도자로 이스라엘을 이끌도록 하셨으면서도 모세를 돕는 아론이 되게 하셨다는 원리를 알아야 할 것이다.

그런데 어떤 장로 모임이나 장로회보에 "장로도 성직이다. 장로는 교회의 어른이다. 목사는 품꾼에 불과한 월급쟁이다. 가게 할 수도, 오게 할 수도 있는 권한은 장로 손에 달렸다. 당회장은 목사만 할 것이 아니라 장로도 돌아가며 해야 한다"는 글을 읽은 적이 있다. 이런 부끄러운 소리를 듣고 보고 읽을 때마다 조만식 장로님 같은 분이 그리워지곤 한다. 그분은 위대한 성자답게 겸허함을 알았고, 용기 있는 장로다운 장로가 아니었던가 싶다. 그런 장로가 있었기에 위대한 순교자 주기철 목사가 탄생된 게 아닌가 하는 생각이 든다. 장로로서는 도저히 용납되지 않는 자존심 상하는 일까지 불평 한마디 하지 않으며 어린 제자였던 주 목사의 명령에 따라 겸손하게 순종의 미덕을 보여주었던 위대한 한국의 얼, 그것이 진정한 장로의 모습이어야 할 것이라고 본다.

아론이 동생 모세를 받들고 협력한 것처럼 장로는 목사를 받들고 협력하고 따르는 순종의 미덕이 있어야 할 것이다. 세상적인 면에서 최고 명예 권세 부귀영화를 한 손에 쥐고 있는 막강한 권력자라 할지라도 교회 안에 들어오면 하나님으로부터 전권대사를 임명받은 하나님의 대리자 뜻에 따라 움직여줘야 할 것이다. 이런 행위는 주 안에서 결코 부끄럽고 자존심 상하는 일이 아니라 오히려 아름다운 성도의 거룩한 모습일 뿐이다.

 더욱이 제직, 평신도들은 주께 하듯 주의 종을 섬기고 따르는 일에 앞장서야 할 것이다. 사렙다 과부가 극한 상황에서도 주의 종 엘리야를 섬기고 대접했던 그 아름답고 선하고 착한 모습이 곧 성도의 모습이 되도록 해야 할 것이다.

 하나님이 계시를 통해 알게 하신 것도 하나님께서는 주의 종을 사랑하는 것이 곧 나를 사랑하는 것이요, 주의 종을 괴롭게 하는 것이 곧 나를 괴롭게 하는 것이라는 말씀을 들려 주셨다.

 상을 받기 위해서라기보다 성도의 의무는 주께 하듯 정성이 있어야 하고 두려움이 있어야 할 것이다. 분명 마지막이 가까울수록 주의 종들이 타락하게 될 것이요, 마지막 때는 참 종을 대적하는 성도들이 일어날 것이다. 주님이 "마지막 날에 믿는 자를 보겠느냐? 참 종을 보겠느냐?" 하셨으니 주의 종들이 타락하고 성도들의 믿음이 식어지면 그날에 어떤 결과가 나타날까? 그러기에 분노하신 그리스도의 심판이 있게 되는 게 아닐까?

 지금 심판의 날이 가까이 왔다. 칭찬과 책망, 영광과 수치가 엇갈린 기쁨과 슬픔이 있을 심판의 날이 가까이 왔다.

> "이 닦아둔 것 외에 능히 다른 터를 닦아 둘 자가 없으니 이 터는 곧 예수 그리스도라. 만일 누구든지 금이나 은이나 보석이나 나무나

풀이나 짚으로 이 터 위에 세우면 각자 공력이 나타날 터인데, 그날 이 공력을 밝히리니 이는 불로 나타내고 그 불이 각 사람의 공력이 어떠한 것임을 시험할 것임이니라, 만일 누구든지 그 위에 세운 공력이 그대로 있으면 상을 받고 누구든지 공력이 불타면 해를 받으리라. 그러나 자기는 구원을 얻되 불 가운데서 얻은 것 같으리라"(고전 3:12-15).

보석 같은 성도가 되기 위해선 기도하며 봉사하며 전도하며 구제하며 헌금하는 일에 앞장서며, 주의 종에게 순종하는 성도이어야 할 것이다.

세계적인 갑부 록펠러는 그의 어머니의 위대한 교훈 때문에 오늘날 위대한 인물이 될 수 있었다고 한다. 그의 어머니가 그에게 몇 가지 교훈을 남겼는데,

첫째, 성경 말씀대로 살아라.

둘째, 헌금을 제일 많이 내는 사람이 돼라.

셋째, 주의 종을 하나님처럼 섬겨라.

이 교훈의 실천으로 우리가 아는 록펠러가 될 수 있었다.

공력 따라 상벌을 받는 순간, 울면서 씨를 뿌린 성도는 웃으면서 거두는 기쁨의 순간이 될 것이다. 이날에 영광의 면류관은 누구의 것이 될까? 당신 자신이 더 잘 알 것이다.

"각각 자기의 일하는 대로 자기의 상을 받으리라"고 했으니 어떤 이는 생명의 면류관, 어떤 이에게는 의의 면류관, 어떤 이는 영광의 면류관을 얻는 영광의 날이 될 것이요, 어떤 이는 부끄러운 구원만을 얻는 수치의

날이 될 것이다. 구원은 은혜로 거저 받되 상급만은 행위에 따라 받기 때문이다. 분명 해의 영광이 다르고 달의 영광이 다르며 별의 영광이 다른데, 별과 별의 영광도 다르다고 했다(고전 15:41).

자기가 심는 대로 거두게 될 것이다. 일하면 일한 만큼 상급을 받게 될 것이며, 선하고 아름다운 것으로 심으면 선하고 아름다운 것을 거두게 될 것이며, 악한 것으로 심으면 악한 것으로 가두게 된다는 이 한 가지만은 기억해야 할 것이다.

지금은 종말기이기 때문에 사탄은 수단과 방법을 가리지 않고 믿는 자를 넘어지게 하고 삼킬 자를 찾고 있다. 그러므로 시험에 빠지지 않도록 근신하며 기도하라고 성경은 권고하고 있다. 한번 어둠에 붙잡히면 덫에 걸린 토끼처럼 모든 것을 다 빼앗기고 자유 없는 사탄의 노예가 되기 쉽다.

파괴자인 사탄은 서로 이간질하고 사랑과 평화를 파괴하는 일에 교묘한 방법을 통해 보이지 않는 곳에서 역사하고 있다. 그러므로 모든 성도는 말씀에 바로 서서 어둠에 붙잡힌 바 되지 않도록 해야 한다. 그러기 위해서는 빛 되신 그리스도의 사랑과 능력을 힘입어야 한다. 그럴 때 그리스도의 빛에 반사되어 빛과 소금의 직분을 다하는 성도가 될 것이다.

"누구든지 등불을 켜서 그릇으로 덮거나 평상 아래 두지 아니하고 등경 위에 두나니, 이는 들어가는 자들로 그 빛을 보게 하려 함이라. 숨은 것이 장차 드러나지 아니할 것이 없고, 감추인 것이 장차 알려지고 나타나지 아니할 것이 없느니라"(눅 8:16-17).

"그러므로 너희가 어떻게 들을까 스스로 삼가라. 누구든지 있는 자는 받겠고 없는 자는 그 있는 줄로 아는 것까지 빼앗기리라 하시니라"(눅 8:18).

2. 여성의 신학

"내 안에는 남자와 여자의 구분이 없느니라."(「신비한 체험」중에서)

여성의 사명은 성도의 사명과 같으며, 사모 역시 여성으로 성도의 사명을 지켜 행해야 한다. 다른 것이 있다면 여성이나 사모도 여성이므로 어마어마한 영향을 끼칠 수 있는 잠재력이 숨겨져 있다는 것이다. 만약 여성들이 하나님의 통제를 받지 않으면 치명적인 악한 영향을 끼칠 수 있지만, 성령님의 지배하에 그 성품과 인격이 지배를 받는다면 창조적이고 건설적인 아름다운 영향력을 끼쳐 교회공동체는 하나님이 기뻐하시는 교회가 되게 할 수 있을 것이다.

(1) 여성의 사명

나는 상담을 하러 온 각계각층의 여성들로부터 여러 가지 한 맺힌 소리를 들었다. 자녀들의 탈선, 불순종, 떨어진 성적 등 그 책임을 묻는 남편에 의한 상처, 그리고 여성이기 때문에 한 인간으로서 정당한 대우를 받지 못하는 현실과 갈등 속에서 찾아왔다는 고백을 자주 듣는다.
  모든 영광은 남성에게 돌아가고 모든 잘못된 책임은 여성에게 던져지는 차별의식과 관습 속에서 저항감을 느끼며 괴롭게 살아가고 있는 여성의 현실은 분명 비극적이다. 대부분 생각하며 사는 여성은 다 이런 갈등을 느끼게 마련이다. 이러한 갈등은 학력이 높고 의식 수준이 높은 경우에 더욱 심각하게 나타난다. 그러나 정도의 차이는 있을망정 모든 여성이 동일하게 느끼는 감정이기도 하다. 그래서 한국 여성 중 56%나 되는 많은 여성이 우울증을 비롯한 여러 가지 병에 시달리며 고통받고 있다.

하나님은 인간을 창조하실 때 남녀를 동등한 인격체로 창조하셨다. 동시에 남성과 동등한 자유를 누릴 수 있는 여성으로 지으셨다. 그러나 힘의 열세에 의해 많은 것을 빼앗기고 남자들을 위해 만들어진 법에 희생되어 온 것이다.

여성도 남성과 동일한 권리와 자유를 가지고 축복스러운 생명체로 창조되었다. 오늘의 여성학이 대두되게 된 것도 그 때문이다.

〈여성학〉이란 어쩌면 인간답게 살아 보자는 여성의 〈인간학〉이기도 하다. 그러면 사람들은 남성학도 있어야 되지 않느냐고 야유를 던지며 외면해 버리기 일쑤다. 여성학을 남성 세계를 침해하려는 투쟁으로 착각하는지도 모르겠다. 그러나 이것은 여권 투쟁이나 여성 상위를 위한 시도가 아니다. 서로를 위해 인간답게 살아보자는 인간학이라는 사실로 받아들여야 한다고 본다.

한 인간으로서 여성으로서 그 위치가 바르게 정립되어야 할 것이다. 연약한 여성이기에 남성의 보호 아래서만 살아갈 수 있고, 거기에만 행복이 있다고 생각하는 잘못된 사상을 깨뜨리고, 하나님이 주신 여성의 특권, 즉 인간의 권리를 누리며 그 능력을 개발시켜 하나님의 영광을 드러내는 데 〈여성학〉의 의미가 있는 것이다. 여성은 오직 남성의 보호 아래에 있을 때만 행복이 보장되는 것처럼 생각해선 안 된다. 물론 여성이 가정을 지키고 남편의 사랑을 받으며 가정의 평화와 질서를 유지하는 것이 기본적인 것임은 말할 필요도 없을 것이다. 그러나 진정 여성을 보호받지 않으면 살아갈 수 없는 불완전한 생명체로 열등하게 창조되었는지 그 본질을 찾아보려고 한 것이다. 여성의 교육이 결혼을 위한 필수도구가 되어 신분 보장의 학력이 되어야 하는지 깊이 성찰해 봐야 할 것이다. 진정 그것만이 행복한 여성의 길인가를 따져 봐야 할 것이다.

여성이 대부분 힘들여 쌓은 전문지식을 활용하지 않고 남편을 위해 존재하는 아내로서 모든 것을 희생하는 것으로 미덕을 삼으려 한다. 그러나 그것만이 과연 여성다운 일인가? 나아가서 여성이 여성답게 사는 것에 앞서 한 인간인 여성으로서의 구실을 다하고 권리를 누리며 살아야 한다고 믿는다. 여자 팔자는 남편에게 달렸고, 행복도 남편에게 달렸다는 잘못된 의식구조를 바꾸어 나가야 한다.

그러나 아직도 고정관념에 의해 대부분 여성은 하나님께서 여성에게 주신 축복스러운 권리를 누리지 못하고 살아가고 있음을 본다. 전통적인 남존여비 사상에 억압된 채 인간으로서의 의미를 깊이 살피지 못하고 희생을 강요당하며 무조건적인 복종의 굴레 속에 지금까지 살아왔지만 이젠 무엇인가 변화가 있어야 할 때라고 본다. 여성의 특권을 찾는다는 것은 여성 자신만을 위한 것이 아니라, 가정과 사회와 교회, 그리고 더 나아가 세계평화와 행복을 위한 것이며, 인간 모두가 하나님이 주신 사명을 다하기 위함인 것이다. 그러므로 성의 차별 없이 남녀 모두 동등하게 받아들이고, 하나님이 주신 재능을 활용하여 맡은 바 사명을 완수하게 해야 한다.

하나님은 남성에게 능력과 사명을 주셨듯이 여성에게도 놀라운 능력과 사명을 주셨다. 보편적으로 지도자가 되는 것은 남성의 것이고 여성의 권한 밖이라고 생각해 왔으나, 성경은 이렇게 말씀해 주고 있다.

창세기 1장 27-28절을 보면 "하나님이 자기 형상 곧 하나님의 형상대로 사람을 창조하시되 남자와 여자를 창조하시고 하나님이 그들에게 복을 주시며 그들에게 이르시되 생육하고 번성하여 땅에 충만하라, 땅을 정복하라, 바다의 고기와 공중의 새와 땅에 움직이는 모든 생물을 다스리라 하시니라"고 하였다. 여기에 분명 〈그들〉이라는 복수를 사용하셨다. 이것은 즉 남자와 여자를 함께 가리킨 것이다. 그런데 셰익스피어처럼 "약한 자여, 그대 이름은 여자니라"라고 말할 수 있겠는가?

여성의 힘이 때로 파괴적이고 치명적인 경우가 있으나, 여성이 보유하고 있는 능력이 놀랄만한 것이라는 사실을 알지 않으면 안 된다.

필자는 오래전부터 창세기 1장의 창조론 속에 숨겨진 여성의 능력을 발견하고 이 사실을 주지시키기에 힘써왔다. 많은 여성은 축복스러운 여성의 심리를 잘 인식하지 못하고 위로부터 주신 사명을 여성이라는 두려움 때문에 숨겨진 잠재력을 개발하여 활용하지 못한 채 일평생 움츠리고 살아가고 있다. 그리고 그것이 오히려 미덕인 양 과시하기까지 하고 있다. 필자는 나의 신앙, 경험한 바로 이는 결코 정당하지 못하다는 사실을 말하지 않을 수 없다. 모든 것을 양보하고 희생하는 것만이 미덕이 아님을 알아야 한다.

먼저 한 인간의 여성으로서 귀중한 존재임을 먼저 자각하는 것이 급선무라고 생각한다. 그다음 남성을 이해시키고 후원하고 협력하도록 해야 할 것이다. 그렇지 않으면 심한 갈등 속에 방황하게 되며 서로 불행을 초래하게 될 것이다. 여성이 자신의 권리를 누리지 못할 때 힘들여 쌓은 학문이 개발되지 못하고, 잠재능력이 포화상태에서 견디다 못해 폭발하기 쉽다는 사실을 알아야 한다. 그런데 여자가 일하기 때문에 문제가 생기고 시끄럽다고 한다. 그러나 반대로 정당한 대우를 받지 못하고 그 가치를 인정받지 못하기 때문에 빗나간다는 사실을 주목해야 한다. 그러므로 안에서 곪아 터져 버리기 전에 미리 대책을 세워야 한다는 얘기다.

세계역사에 빛을 남긴 위대한 영웅 뒤에는 훌륭한 내조자가 있었다는 사실이 귀감이 되지만, 한 여성으로서 역사에 빛을 남긴 여성 자신이 되는 것도 중요한 일이다. 그런데 위대한 여성 중에도 놀랍게도 내조자로서 역할을 훌륭히 수행하면서도 하나님이 주신 여성의 특권을 누린 축복스러운 여성이 있다는 사실을 주목해 볼 필요가 있다. 그러므로 위대한 내조자로서만 머물러 있기를 기대하기 전에 위대한 한 인간으로서 축복스럽게 살아가도록 힘 있게 후원해 주어야 한다. 숱한 여성이 사회 인습에 묻혀 빛을 보지 못하고 있는 사실을 한번 생각해 볼 일이다. 분명 국가적인 차원에서 볼 때도 중차대한 문제가 아닐 수 없다.

그러므로 행복의 개념을 바꾸는 것이 급선무가 아닌가 싶다. 그러기 위해선 여성 자신이 사랑스런 아내로서 남편의 보호 아래에서만 행복을 누릴 수 있다는 연약성에서 벗어나 스스로 우뚝 설 수 있는 한 인간임을 자각하지 못한다면 이러한 여성 문제는 결코 해결되지 않을 것이며, 동시에 하나님이 주신 소명도 이루지 못할 것이다.

여성 특권이니, 여성학이니 하는 모든 것이 여권 투쟁만이 아닌 인간답게 살기 위한 인간학임과 동시에 한 인간으로서의 자기 사명을 다하기 위한 노력이어야 할 것이다. 이는 곧 인간의 본질적인 사명을 찾자는 것이다. 하나님께서 남성의 보호 아래서만 살아갈 수 있다고 생각한 연약한 여성을 통해 척도를 잴 수 없는 기적적인 일을 성취시킨 이유가 무엇이겠는가?

그러나 많은 경우에 여자는 지도자가 될 자격이 없고, 어떤 능력을 행사할 권한이 없으며, 여성이 가르치고 지배하려는 것은 비성서적이라며 여성의 활동과 유능함을 인정하려 들지 않는다. 그러나 그리스도는 여성 안에 숨겨진 잠재력을 행사하도록 계획하셨다. 그런데도 여성 자신이 여성의 아름다움이라는 그럴싸한 미덕에 얽매여 그리스도의 계획을 뒤틀어 놓고 자신의 삶도 파괴하는 모순을 자행하고 있지 않은가.

하나님은 내게 위대한 계획을 가지셨다. 연약하고 작은 여성인 나를 통해서 하나님이 주신 여성의 특권을 누리게 하시려는 선한 계획 속에 나를 끌어들였다. 물론 눈을 팔아 교회를 지어 놓고 싶은 내 작은 희생을 어여삐 보신 결과라고 말씀하셨지만, 그것만이 전부는 아니었다. 나를 통해 교회 기적을 이루게 하시려 강하게 역사하셨지만, 그럴싸한 여성의 미덕이라는 굴레에서 헤어나지 못하여 그 기적의 순간을 놓치고 말았다. "사모님, 사모님은 여자가 아닙니까? 남자들만이 할 수 있는 일을 어찌 여자인 사모님이 할 수 있습니까? 그저 사모님은 뒤에서 기도나 하십시오." 이렇게 차갑게 내뱉던 남자들 때문이었다고 책임을 전가할 수 없는 나의 약함과 불순종 때문에 결국 나는 실패하고 말았다. 〈여자〉라는 말에 위축된 나 역시 분명 한국의 약한 여인이었다. 이런 나를 겸손하다고 한 이도 있다. 그러나 용기 없는 겸손은 비겁일 뿐이라고 나는 생각한다.

많은 존경하고 싶은 여성 중에 잔 다르크 그리고 신사임당, 에스더, 허난설헌, 유관순, 김활란 같은 분들은 모든 악조건을 극복하여 용기 있게 소명을 이룬 여성들이다. 그들이 그럴싸한 미덕만을 의식하여 나처럼 용기를 잃었다면 그 능력을 발휘하지 못한 채 사명의 빛을 남기지 못했을 것이다. 역사상 위대한 여성들은 여성이라는 불리한 조건을 이기고 용기 있게 자신의 능력을 개발하며 하나님께 영광 돌리는 복된 삶을 산 여성이라고 생각한다. 이것이 곧 여성의 바른 자세요, 본분이라는 사실을 잊지 말아야 할 것이다.

그러나 한국 여성 모두 전통적인 고정관념에서 헤어나지 못하는 약함이 있다. 나 또한 예외가 아니었기에 약속하신 축복을 받지 못하고 사명 따라 살지 못해 타인과 자신에게 환란이 있게 했었다. 그래서 죽어도 살아도 사명을 위하겠다고 생각했으나 언제나 야했다. 이렇게 주위 시선을 의식하지 않을 수 없어 머뭇거리는 나를 주님은 책망하셨다.

"너는 어찌 내가 기뻐하는 것을 싫다 하느냐? 내 안에는 남자와 여자의 구분이 없느니라. 다만 쓰고자 하는 자를 쓸 뿐이다. 그런데 너는 어찌 머뭇거리느냐? 그것은 겸손이 아닌 불순종의 죄가 되는 줄 알지 못하느냐? 그것이 인간에게는 미덕이 될지 모르나 내게는 불순종의 죄니라. 이때를 위해 고난 가운데 연단했으며 사망에서 건졌느니라. 일어나 빛을 발하라. 때가 급하구나."(「신비한 체험」 중에서).

(2) 여성 신학

오늘까지의 신학은 남성만을 위주로 한 것으로서 남성의 지배 아래서 남성이 체험한 종교경험에 입각한 것들이었다. 또한 유대교 문화는 철저한 가부장제요 남성 위주의 문화였다. 그러므로 성경을 기록한 저자들도 남자였으며, 성경을 가르치고 해석한 이들도 역시 그러했다. 그러므로 지금까지의 신학이 남성 일변도일 수밖에 없는 것이다. 이에 따라 여성은 정당한 권리를 인정받지 못하고 하나님이 주신 인간의 존엄성이 남성의 그늘 아래서 희생된 채 남성만을 위한 신학 윤리관으로 발전해 왔다.

그러므로 19세기의 여성 해방운동가 엘리자벳 스탠튼(Elizabeth Stanton)이 여성의 동등성을 인정하지 않는 신학에 반기를 들고 〈여성동등권〉을 획득하기 위하여 남성 세계에 도전하기에 이르렀다. 그런데 그중 가장 문제가 되는 장애물은 기독교라는 사실을 발견하고 대담하게도 남녀를 편벽되게 한 이런 성서는 받아들일 수 없다 하여 기존 성서를 거부하고 〈성경개정위원회〉를 구성하여 성서에 기록된 여성의 종속성을 강조하는 모든 부분을 잘라내 버리고 새로운 성경을 만들어 내놓게 된 것이다. 이것이 1895~1898년에 출판한 『The Woman's Bilble』이다. 이 책이 성서학자들의 입장에서 볼 때 많은 문제점이 있을 것이라고 믿는다. 그러나 입장을 바꾸어놓고 생각하면 이런 일이 생기지 않도록 했어야 할 일이었다.

「여성 신학」(Theology of Womanhood)이 근래 새로이 대두된 것은 1960년대부터다. 그러나 여성 신학이 본격적으로 대두된 것은 1980년 레티 러셀(Letty M. Russell)에 의해서였다. 하나님이 주신 여성의 특권을 인정하려 들지 않고 남녀의 동등성을 인정하지 않는 신학으로 발전되어 가고 있는 모순을 시정해 보겠다고 나선 여성 신학자들의 반기는 곧 인간평등을 위한 해방신학(Theology of Liberation)이라고도 할 수 있을 것이다.

인간은 하나님 안에 누구나 똑같은 피조물일 뿐이다. 사람은 하나님이 주신 자유와 평등을 누릴 권리가 있다. 그런데 교회 내에서 여성은 두드러지게 차별대우를 받고 있다. 전통적 고정관념에 의한 억압과 편벽은 가지각색이다. 여성이 받는 차별대우는 교회, 가정, 기도원, 직장 등에서 여러 가지 형태로 나타나고 있다. 그것은 기독교 문화의 영향 때문이라 할 것이다.

'남편은 아내의 머리다. 사라가 아브라함을 주처럼 섬긴 것처럼 아내는 남편을 주께 하듯 섬겨야 한다. 남편에게 절대복종해야 한다.' 여자는 남자를 위해서 창조되었다는 예속성과 종속성을 강조하는 이러한 전통적인 교훈은 여성의 꿈을 파괴하고 좌절감과 저항감을 심어 주어 여성으로 하여금 여성 신학을 전개하게 한 동기가 되었으며, 남성 일방통행에 대한 반작용으로서의 여성 신학을 낳게 한 것이다.

남성은 긍정적인 면은 남성의 것이 되게 하고, 부정적인 면은 여성의 것이 되게 한다. 모든 영광은 남성에게 돌리며, 수치스러운 일은 여성의 차지임이 당연시되고 있다. 그래서 여성은 어디를 가나 소외감을 느끼며 힘을 저하시켜 방황하게 된다. 여성은 심한 압박과 차별 속에 고독을 느끼며 살아왔다.

비단 여성뿐 아니라, 흑인, 유태인, 그리고 백정, 멸시받은 모든 인간이 한 맺힌 삶 속에서 견디다 못하면 반기를 들고 일어서게 마련이다. 그러한 예로 이괄의 난, 홍경래의 난 등을 들 수 있다. 여성해방 운동도 다르지 않다. 최고의 문명을 자랑한다는 현대에 사는 이들이 좀 더 시야를 넓혀서 남성 중심으로 이루어진 전통사회와 기독교 문화를 재평가해야 할 것이다.

새로운 기독교 윤리가 정립되어야 한다. 성이나 인종에 따른 차별을 없애야 한다. 창조주의 뜻을 찾아 본질적인 진리를 이루어야 한다. 분명 인종 차별, 성의 차별은 비본질적인 것이라는 사실을 알아야 한다. 여성으로 하여금 남성과 함께 일할 수 있도록 넓게 문을 열어 주고 여성이 충분히 참여할 수 있도록 기회를 주어야 할 것이다. 어떤 남성 지도자는 여자는 교회에서 잠잠하라며 여성이 교회에 참여하는 것은 본질을 왜곡시킨 일이라고 흥분하며, 반대 운동을 펴기도 한다.

기독교는 완벽한 남성 중심으로 가부장적인 종교 체제이기에 여성해방은 아직 암담하다. 그러나 20세기 후반에 범세계적으로 활발하게 움직이고 있는 해방신학(Theology of Liberation)은 예수 그리스도에서 비롯된 것이라 할 수 있을 것이다. 그리스도는 가난하고 병든 자, 약한 자, 소외된 자, 여자, 멸시받고 억압된 민중을 해방시켜 구원하러 오셨다. 기독교는 그리스도처럼 여성을 존중히 여기고, 인간 모두를 평등히 받아들여야 할 것이다.

조직된 종교 체제 신학은 인간 심리에 영향을 끼쳐 생활 기반을 이루고 있다. 이에 따라 분위기가 조성되고 문화가 형성되며, 정당한 이론이 성립되어 간다. 그런데 신학은 체험을 중시해야 한다고 하면서 남성이 경험한 것만을 중심으로 기독교 문화가 이루어졌다. 어떤 신학적인 이념과 그 사람의 신앙 체험은 밀접한 관계가 있다. 다메섹 도상에서 비롯된 종교 체험에 의해 바울의 신학이 시작되었다.

이와 같이 여성도 말씀과 경험에 의해 여성 신학이 시도되어야 한다. 그러므로 남녀 모두 말씀과 경험을 중시해야 한다고 본다. 모든 신앙 체험은 진리를 바로 터득하는 방법이기 때문이다. 그래서 모든 여성해방 운동가들이나 여성 신학자들이 자신의 신앙 체험을 중요시하면서 혁명적 시도를 하게 된 것이다.

〈교회의 성차별〉

필자는 오늘날 교회의 정책은 남성의 것이며, 여성에게는 봉사를 당연시한다고 지적하면서 민주적인 공동의 헌신적 구조를 만들어야 한다고 강조했었다. 특히 큰 교단에서 여성에게 불리한 몇몇 성경 구절을 인용하여 여성의 교역과 장로직을 금하는 것, 혹은 독신 여성에게만 담임 목회를 부여하는 것 등 뚜렷한 성차별을 지적했다.

성서 연구를 맡은 이우정 교수(전 서울여대 교수)는 "지금까지의 성서 주석은 남성이 가르침으로 여성에게 잘못된 자아개념을 형성시켜 왔다."고 전재하고, "복음은 성경이 쓰인 시대의 상황에 맞게 해석되어야 한다."고 주장했다. 그 예로 "교회는 창세기 2장을 들어 여성 예속성과 죄악성을 강조해 왔을 뿐, 창세기 1장 26절에서 남녀가 함께 귀중한 존재임을 도외시해 왔다."고 지적했다. 이렇게 창세기 1장과 2장 내용이 다른 것은 이 성서가 쓰인 시대가 각각 달리 반영되었기 때문이라고 하며 여기서 예수의 입장은 창세기 1장(P문서)의 입장임이 강조되었다.

남녀는 반려자이며 가장 친밀한 동반자이다. 따라서 여성의 문제는 여성만의 문제가 아니며, 여성의 해방은 남녀의 공동과제인 것이다. 이는 곧 인간 문제의 해결로서 인류의 근원적 모순이 주종 · 복종 · 지배문화를 탈피하여 발돋움해야 할 때라고 믿는다.

3. 지도자의 사명

"주의 종들의 죄 때문에 이 나라에 피 흘리는 역사가 끊이지 않으리라."

〈지도자의 사명〉

1982년 6월 26일 〈크리스천 신문〉에 바르톤 바베이지 씨는 〈우리는 어디에 서 있는가?〉라는 제목 아래 다음과 같은 말을 했다.

"인간은 세 가지 형태의 삶의 철학을 가지고 있다. 그것은 강도와 같은 약탈 착취형의 철학, 제사장이나 레위인 같은 이기주의적인 철학, 착한 사마리아인과 같은 자기희생적인 사랑의 철학이다. 착한 사마리아인에 대한 성서의 비유는 세 가지 면에서 대조적인 생활철학을 보여주고 있다.

첫째는 강도의 철학인데, 네 것은 내 것이기 때문에 나는 그것을 내 것으로 만들겠다는 생각이다.

둘째는 제사장과 레위인의 철학인데, 내 것은 내 것이므로 그것만을 취하겠다는 생각이다.

셋째는 사마리아인의 철학인데, 내 것이 곧 너의 것이므로 나는 이것을 함께 나누겠다는 생각이다."

이 말은 오늘날 크리스천의 아픈 곳을 찌르는 말이 아닌가 생각된다. 진정 우리는 지금 어디에 속한 삶을 살고 있는가 한 번 생각해 볼 문제다. 아름다운 사마리아인의 철학이 우리 자신의 것이 되도록 노력해야 할 것이다. 그리고 더 나아가 오늘날 교회가 사마리아인의 철학을 가지고 민중과 고난을 같이 하겠다는 사명의식 속에서 살아야 한다고 생각한다. 어둠을 물리쳐주고 빛을 비추는 것이 곧 교회의 사명이라고 본다.

그런데 오늘날 교회는 과연 사회에 어떤 영향을 주고 어떻게 비추어져 있는가 생각해 보면 심히 부끄럽다. 세상과 달라야 할 교회가 사회와 무엇이 다른가? 분명 달라야 하는데 전혀 다른 게 없다는 말을 자주 듣는다. 세상 사람은 믿을 수 없어도 크리스천들은 믿을 수 있고, 세상 지도자는 믿을 수 없어도 성직자만은 믿을 수 있다고 말한 시대도 있었다. 그런데 지금은 크리스천은 물론 성직자도 믿을 수 없는 시대가 되었으니 막되었다고들 말하고 있다.

곗돈 타 먹고 하루아침에 바람처럼 사라진 크리스천, 건축 적금 몽땅 가지고 자취를 감춘 재정부장 장로, 간판 바뀐 교회, 다툼이나 분열 등 등 각양각색으로 사회를 놀라게 하는 변질된 교회의 모습에서 비기독교인들로부터 여러 각도에서 비난의 화살을 받고 있다. 거기에다 민중의 고통을 외면한 채 참 사명보다는 교인 확보와 교세 확장에만 전념하는 한국교회의 흐름은 비기독교인들로부터 비판받기에 충분하다. 때문에 요사이 히트 치는 저작들은 교회의 위선과 비본질적인 흐름을 비판하는 글들로 그 핵심을 이루고 있다. 그런데도 왜 이렇게 자체 내에서는 잠잠한지 알 수 없다. 무엇인가 새로운 것을 보여줘야 한다는 말이다. 안될 줄 알면서도 외치지 않을 수 없었던 선지자들처럼 외치는 자의 소리가 있어야 한다는 말이다.

하나님께서 악한 이 세상을 더 두고 볼 수 없어 심판하시려는 종말기에 살고 있건만 이렇게 안일하게 지내도 되는지 심히 두렵다. 예루살렘이 망할 것을 알고 외치지 않을 수 없었던 종들과 정의의 사자 세례 요한처럼 이 시대에 정의를 외치는 자의 소리가 있어야 한다.

여기에 모든 믿는 자의 사명이 있고 지도자의 사명이 있으며, 지도자의 아내인 사모의 사명이 있다고 나는 믿는다. 자신과 가족과 자기 교회만을 생각하며 사는 작은 사랑에서 자신의 희생이 동반되는 큰 사랑으로 확대해 나가야 하지 않을까?

하나님께서 기뻐하시는 뜻이 무엇인가 생각하며 하나님의 뜻이 이 땅에 이루어지도록 해야 할 것이다. 살구나무 비유를 생각해 보자. 지금은 이 시대가 어떤 시대인가, 영적 분별력을 가져야 한다(렘 1:13-14). 북쪽의 끓는 가마가 기울어진 것 같은 무서운 재난의 때가 멀지 않다는 사실을 깨달아야 한다. 평화를 위한 6·25 전쟁과 공산 치하가 되지 않도록 모두 바로 서야 할 때다. UN의 수고에도 아랑곳없이 세계 도처에는 폭력과 전쟁으로 불타고 있다. 여기서 실천 없는 사랑과 평화를 외치는 변질되어 가는 무기력한 교회의 모습이 암담한 미래를 말해 주고 있다. 이 모든 것을 살펴볼 때 분노하신 그리스도의 심판이 두려울 뿐이다. 왜 같은 피를 이어받은 백의의 나라 한국이 피로 물든 대지 위에, 흐느끼는 절규 속에 멍들어야 했던가를 생각해 보아야 한다.

한국은 제2의 이스라엘이요, 마지막 시대에 세계를 복음화시키려고 특별히 선택된 민족이라 할 수 있다. 그렇다고 한다면 진정 하나님의 심판이 두렵지 않을 수 없다. 하나님의 선민 이스라엘이 하나님의 선민답게 바로 서지 못하고, 바로 살지 못할 때 전쟁이라는 무기를 통해서 깨닫도록 역사하셨던 것을 성경과 세계역사에서 배울 수 있다. 전쟁처럼 비참한 게 어디 있는가! 이런 전쟁이 곧 죄의 결과라고 성경은 말해 주고 있다. 일본의 우찌무라 간조(內村鑑三, 1861~1930)는 "전쟁은 모든 죄악의 종합"이라고 했다. 진정 그렇다. 동족상잔의 피맺힌 비극 6·25를 기억해 보라. 일본이 한국을 발판 삼아 만주사변을 일으키고 세계 2차대전이라는 엄청난 비극의 씨앗을 던졌던 그 치욕스럽고 쓰리고 아픈 그날들을 어찌 잊을 수 있으랴! 아픔으로 끝내 버릴 수 없는 깊은 의미가 담긴 부산물들! 눈을 감은 채 조용히 가슴에다 손을 얹고 통곡하며 자백하는 회개의 날이 있어야 할 것이다.

또 누구를 위한 교회 분열이었던가? 왜 순진한 양들이 교회를 떠나야 했고, 사랑하는 성도가 눈물 흘리며 갈라져야 했는가? 스가랴 11장 15-17절에 하나님의 무서운 말씀이 기록되어 있다.

"여호와께서 내게 이르시되 너는 또 어리석은 목자의 기구들을 빼앗을지니라 보라 내가 한 목자를 이 땅에 일으키리니 그가 없어진 자를 마음에 두지 아니하며 흩어진 자를 찾지 아니하며 상한 자를 고치지 아니하며 강건한 자를 먹이지 아니하고 오히려 살진 자의 고기를 먹으며 또 그 굽을 찢으리라 화 있을진저 양 떼를 버린 못된 목자여 칼이 그의 팔과 오른쪽 눈에 내리리니 그의 팔이 아주 마르고 그의 오른쪽 눈이 아주 멀어 버릴 것이라 하시니라."

하나님은 그 분열의 책임을 주의 종들에게 묻고 계신다. 그러므로 교회 지도자들은 그것이 하나님의 영광을 위한 선한 싸움이었다고 정당화시킬 수는 없을 것이다. 6·25가 발발한 그 당시의 민중 지도자들은 대부분 하나님을 아는 크리스천이었다. 그러므로 가장 이상적인 민주주의를 이루고 신뢰받은 정부가 될 것을 기대했었다. 그런데 십자가를 내걸고 자유당은 독재와 부정부패로 민중을 분노케 함으로써 4·19의 심판을 받았다. 그런데도 깨닫지 못한 정치인들은 가난하고 고독하고 병든 민중을 외면한 채 자신들의 부귀영화만을 누리기 위해 갖은 수단과 방법을 동원하여 위로 아부하고 아래로 짓밟으며, 그들의 피와 살로 기름진 배를 채웠다. 불의가 형통하고 의가 짓밟힌 시대에서 진정 하나님이 계신다고 생각되는가? 하나님이 계신다면 이렇게 침묵하고 계실 수 있겠는가? 이렇게 울부짖을 때 침묵은 오래가지 않았다.

6·25는 침묵을 깨고 타락한 교회 지도자와 크리스천 정치 지도자들의 죄악을 폭로했다. 기만당하고 소외당한 나약하고 가난한 민중을 배신한 그들에 대한 하나님의 심판이었다. 사랑과 평화가 파괴되고 이해와 용서가 단절된 교회는 빛을 잃고 어둠으로 변모해 버린 죄의 대가로 교회가 불타고 생명을 잃어버렸다. 민족이 분단된 비정의 휴전선, 그리움 속에서 주름진 70년 세월, 이 한 가지 역시 속에서 교회의 사명과 교회 지도자와 정치 지도자들의 사명이 얼마나 막중한가를 알아야 할 것이다. 그중 기독교 지도자의 사명은 막중한 것이라 할 것이다. 오

사명 119

늘날 교회는 세상에 어떤 모습으로 비치고 있는가 한번 생각해 봤는지 모르겠다.

화란의 개혁주의 신학자 아브라함 카이퍼는 "세상이란 우리가 생각했던 것보다 때로 더 좋고, 반면 교회는 우리가 기대한 것보다 더 나쁘다."라고 말하고 있지 않은가. 그러므로 분노하신 그리스도께서 악한 세상을 더 두고 보실 수 없어 심판하시려 하는 것이다.

이 책임은 곧 교회를 이끄는 지도자들에게 있다고 본다. 그리고 똑같이 목사 부인인 사모에게 동일한 책임이 있음을 깨닫게 하셨다. 그것은 하나님이 사모에게 할 수 있는 의무와 힘을 허락하셨기 때문이다. 하나님은 창조하실 때부터 여성에게 어마어마한 폭발적인 능력을 허락하셨다. 왜 그런 위험한 무기를 여성의 손에 주셨는지 나는 잘 모르겠다. 그러나 주셨다는 사실만은 분명하고도 확실하다. 유지나 프라이 여사는 "여자의 영향력을 통해서 전 인류가 침해당했다는 사실을 인정하지 않을 때 우리는 비현실적이 되며 약하고 작은 여자라는 완전히 억지의 거짓된 이론 뒤에 자신을 숨기고 말게 된다."라고 역설했다.

분명 여성의 영향력은 어마어마한 것임을 믿어야 한다. 다만 그 영향력이 대부분 치명적이고 파괴적이라는 사실이 문제로 남을 뿐이다. 파괴적이기 쉬운 사모의 영향력을 건설적이고 아름다운 영향력이 되도록 훈련하는 기관이 필요한 것 같다. 대부분 여성이 일을 하면 시끄럽고 문제가 생긴다고 말한다. 그래서 사모는 서로를 위해 일하지 않는 것이 옳다고들 주장한다. 그 말에도 일리가 있다. 그러나 일을 하고 안 하고가 문제가 아니라고 나는 생각한다. 교회 일에 참여하든지 안 하든지 약하고 초라해 보이는 사모들을 통해서 남편인 성직자는 영향을 받게 마련이다. 악한 영향이 아니면 선한 영향을 받게 될 것이다. 꼭 일하기 때문에 영향을 끼치게 되는 것이 아니라고 믿는다. 대단히 일을 많이 하는 일본 교회 사모들의 역동적인 활동이 이를 증명하고 있다.

그런데 한국교회는 일하면 일한 만큼 왜 문제가 되는지 마음이 아프다. 문제가 있는 교회마다 '사모가 좀 더 지혜로웠더라면, 사모가 좀 더 잘했더라면, 너무 똑똑하기 때문에…' 등등 아쉬움을 남기는 비판의 소리를 듣는다. 나는 그때마다 심한 충격을 받으며 왜 그럴까 하고 번민하곤 한다. 하나님이 여성에게 주신 복스러운 영향력이 빛을 보지 못하고 욕되게 하는지 맘이 아프다. 여러 유형의 사모 중에 주위의 시선을 너무 의식하며 두려워 움츠리며 사는 사모와 지식이 있고 능력이 있다 하여 지나치게 활동하는 사모를 놓고 대조적인 모습에서 혼란을 일으키고 있는 것을 본다.

그 가운데 문제가 되는 것은 사명이라 하여 날뛰고 능력을 남용하여 사모의 영향이 파괴적이라는 비판을 받는 사모일 것이다. 그녀들은 하나같이 하는 말이 있다. "고리타분한 고정관념을 깨뜨려야 한다. 구습에서 벗어나지 못하기 때문에 이해시킬만한 가치가 없는 일이다."고 하여 자신들의 문제점을 정당화하고 있다. 그 말에도 일리는 있다. 그러나 과거의 어머니들처럼 못 입고 못 먹고 억울함을 당해도 말 한마디 하지 못하고 희생을 기쁨으로 알면서 살아왔던 희생적인 어머니상을 사모에게서 찾으려 하는데도 역시 문제가 있다.

강한 영향력을 끼치고 있는 사모들은 어떠한 비판 속에서도 굽히지 않으며 그 나름대로 긍지를 가지고 사모의 역할을 해나가려고 하는 것을 볼 수 있다. 그녀들은 교회 밖에서 교직자, 문학가, 예술가, 학자 등등 명사로서의 능력을 과시하며 모든 영역에서 자신의 사상과 주의, 주장을 교회에 반영시켜 성공적인 사모상을 과시하려고 한다. 그런데 그녀들 지식과 능력과 인격들이 어떤 영향을 끼치고 있으며 사모로서는 어떠한가? 그것이 문제로 대두된다.

내가 알고 있는 사모 가운데 모든 것을 겸비한 분이 있다. 그녀는 성가 지휘를 하며 부인반을 지도하기도 한다. 그리고 주일 낮 성경 공부를 가르치기도 하며, 남편 부재 시 남편 대신 사역을 담당하기도 한다. 실로 믿기 어려울 정도로 여러 방면에서 큰 비중을 차지하여 역할을 하고 있다. 교회 밖에서 강연과 세미나를 인도하는 등 교회 안에서도 자신의 재능을 아낌없이 발휘하고 있었다. 그녀는 대단한 노력가였고 희생적인 면에서도 자기 몸을 돌보지 아니하고 열정적으로 일하는, 사명에 죽고 사는 사명의 사모였다. 그런데 그녀는 교회 안팎으로 대단한 비판을 받고 있었으며 소외되어 가고 있었다. 진정 너무 똑똑하기 때문이다. 목사가 가려지고 부목이 할 일이 없다는 그 교회 성도의 불만의 소리처럼 분명 그녀는 사모로서의 미덕을 잃어가고 있었다.

내가 생각하는 견지에서는 그 사모의 문제점은 여성 지도자이기 전에 목사를 보필해야 하는 내조자라는 사실을 망각했기 때문이 아닌가 싶다. 사모의 할 일이 따로 있고, 목사의 할 일이 따로 있다고 생각한다. 그런데 부목사 할 일, 전도사 할 일, 성도들이 할 일까지 자신이 전부 해 버린다면 질서가 무너지고 마는 것은 자연적인 현상일 것이다. 문제는 자신의 하는 일이 교회에 불필요한 것이라는 사실을 전혀 의식하지 못하고 있다는 점이다.

이렇듯 교회와 조화가 이루어지지 않는 사모의 지나친 활동은 모든 사모의 위치까지 흔들어 놓고 있다. 그러기에 일꾼이 부족한 개척 당시에는 사모의 힘을 요구하다가 교회가 어느 정도 궤도에 오르기만 하면 먼저 문제 삼는 것이 사모의 문제다. 성도들은 점잖게 말한다. "그동안 수고 많이 하셨으니 사모님은 편히 집에서 쉬십시오."라는 그럴싸한 권유를 받게 될 것이다. 그 일을 생각하면 괴롭다.

사모의 사명을 구체화시켜 보면 교회를 건축하는 건축자와 같다고 할 수 있을 것이다. 교회 설립은 하나님의 특별한 은혜가 아니면 안 된다. 다윗 왕의 일평생 소망은 성전 건축이었지만 하나님께서 허락하지 않으셨다. 이와 같이 사모하는 소망이 있어도 하나님의 허락 없이는 될 수 없다. 그러므로 이 사명은 하나님 은혜 중의 은혜인 것이다. 바울은 고린도에서 1년 반을 거주하면서 그 기초를 닦았다(행 18:11). 지혜로운 건축가, 숙련된 건축가는 많은 것을 생각하여 그 기초를 닦는다. 터는 같으나 건물은 각양각색일 수도 있다. 한옥, 양옥, 빌딩 등 자신의 생각과 능력에 따라 각각 다른 모형으로 짓는 것이다. 그러나 불법의 건축은 할 수 없게 된다. 건축법을 어기면 결국 철거해야 하는 상처를 받게 된다. 이런 법이 하나님의 말씀이요, 교회 질서인 것이다.

이와 같이 사모 역할이 교회와 자신의 개성과 능력에 따라 각각 다르게 나타날 수 있다. 분명 각양각색일 수밖에 없다고 본다. 그러나 불법 건축처럼 되지 않도록 하는 일이 사모의 덕이요, 슬기라고 나는 믿는다. 그러므로 법에 어긋나지 않도록 조심스럽게 세워나가는 일을 위해 사모의 교육과 훈련이 필요한 것이다. 그러기에 그리스도를 닮아가는 사모가 되기 위해 피나는 노력이 동반되어야 한다. 저절로 되는 일은 없기 때문이다. 그리스도를 터로 하여 기초를 닦아 성실하게 쌓아 간다면 튼튼하여 흔들리지 않고 무너지지 않는다. 무너지는 아픔이 있게 되는 경우는 무엇인가 잘못되었다는 의미일 것이다.

그렇다고 전혀 비판받지 않는 사모가 될 수 있다는 것은 아니다. 어차피 사모는 말을 듣게 되어있다. 제아무리 견고하고 아름답게 건축이 되어도 맘에 들지 않는 사람이 있음과 같다. 그러나 그 같은 비난은 두려워하지 않아도 된다. 못 먹으면 못 먹는다고, 잘 입으면 잘 입는다고, 못 입으면 못 입는다고 말을 듣지 않을 수 없는 것이 사모의 입장이며 아픔이자 고민이다. 그러기에 영광과 호강이라기보다는 수난과 역경의 십자가라고 했던가. 그래서 사모는 슬기로운 건축가가 되어야 한다는 얘기다. 무너지는 아픔을 당하기 전에 법대로 건축해야 하는 것처럼 윤리와 질서 속에 사모의 위치를 펼쳐 나가야 하는 슬기와 인내가 요구되는 것이다. 또한 좋은 재료를 써야 하는 것처럼 신앙의 인격 속에서 교양과 덕을 재료로 삼아 정성을 다하여 쌓아 간다면 결코 후회 없는 삶이 될 것이다. 그런데 급격한 변화를 일으키며 새로운 스타일을 부각하려 하기 때문에 문제가 야기되는 것이 아닌가 싶다.

서서히 끌어 올려도 껍질이 깨지는 아픔이 있게 마련이 아닐까? 균형을 잃지 않는 조화를 이루며 성도들을 이해시키고 그리고 서서히 끌어 올려야 하는데, 그렇지 못하기 때문에 문제가 야기된다. 그러기에 사모는 중용의 도를 지키는 것이 가장 현명한 처세의 길일 것이다. 그러나 꼭 일하기 때문에 시끄러운 것은 아니라고 본다.

일본에 있을 때 사귄 사모 가운데 훌륭하고 위대했던 한 사모의 예를 들어 보겠다.

그녀는 믿기 어려울 정도로 많은 일을 하는 활동적인 사모였는데, 전혀 비판받지 않았으며, 오히려 교회 문제를 해결하는 역할까지 하여 교회에 큰 유익을 끼치는 그 교회에서는 없어서는 안 되는 존귀한 존재로 인정을 받고 있었다. 거기에 비하면 우리네는 너무 일을 안 하는 편이다. 아니 못한다고 하는 편이 솔직한 표현이리라. 대단히 일을 하는 것도 아니면서 교회에 문제를 일으키는 것이다. 왜 그럴까? 어떤 차이에서일까?

예수 그리스도의 인격 안에 거하는 사모의 활동은 결코 문제가 되지 않는다. 폭발적인 영향력이, 파괴적이기 쉬운 위험성이 그리스도에 의해 통제될 수 있기 때문이다. 사모는 영적인 훈련을 통해 내적인 자아로 하여금 그리스도와 항상 함께함을 의식하며 모든 문제를 주께 의뢰할 때 주께서 떠나지 아니하시고 함께 하신다. 그럴 때 성공적인 사모라는 영광을 얻음과 동시에 사모의 영향력이 아름답고 선하고 건설적인 것이 될 수 있는 것이다.

대부분 가장 무난하게 활동하는 사모는 하나님이 주신 어마어마한 영향력을 필요적절하게 그리고 조용하게 행사하는 이들이다. 그러기에 아름다운 여성으로서 인정을 받고 복스럽게 살아간다. 나는 여기에서 위대한 교훈을 얻었다. 꼭 일하기 때문에 말을 듣고 문제를 일으킨

다기보다는 그 인간 됨됨이와 신앙, 인격 때문이라는 사실이다. 여러 유형의 사모를 살펴볼 때 일하느냐 안 하느냐의 문제가 아니라, 그리스도께서 주관하시는 사모의 인격이 되었느냐 되지 못했느냐가 문제인 것이다.

하나님은 여성인 사모를 통해서 창조적이고 건설적인 일을 하도록 기대하고 계신다. 그리고 예수 그리스도께서 사모와 함께 일하시기를 기뻐하신다. 그리스도께서 사모와 함께하신다면 아름답고 위대한 일을 해낼 수 있다. 그러나 그리스도는 인격적인 분이기 때문에 억지로 끌고 가시지 않는다. 그분은 언제나 최후 순간의 결정은 우리 손에 맡기신다.

사모가 어떻게 목사의 보좌관 역할을 하느냐에 그 열쇠가 달려 있다. 어떻게 잘 보필하여 바른길을 걷도록 할 수 있는가가 사모의 의무이다. 여기에 사모의 영향력이 크게 요구된다고 믿는다. 위대한 지도자 뒤에는 위대한 내조자가 숨어 있는 법인데, 그런 사모가 되기 위해 최선을 다해야 할 것이다.

사실 목사가 바로 서게 되면 교회와 성도가 바로 서게 된다. 교역자는 이중인격을 지니기 쉽고 가면을 쓴 위선자가 되게 하는 유혹을 많이 받는다. 그리고 직업적인 값싼 사랑을 하기 쉽다. 더 나아가 독재자가 되기 쉽고 말과 행동이 일치되지 못하기 쉽다. 강한 지도력 때문인지 모르나 이기적이고 독선적이기가 쉽고 지나친 쇼맨십이 발휘되기 쉽다. 자기 욕망을 위해서 남을 희생시킬 유혹에 빠지기 쉽다. 또 자칫하면 물질과 이성에 현혹되기 쉽다. 경우에 따라 양을 위해 생명을 바치기는커녕 자신의 영광을 위해 양에게 상처를 줄 수도 있다. 이렇듯 순간순간 욕망의 덫에 걸리기 쉬운 성직자를 지키기 위해 오늘의 사모의 사명이 있는 것이 아닌가 생각한다.

그런데 이렇듯 자기 욕망을 위해 자기중심적으로 살아가는 목사의 길을 보고도 침묵을 지키는 것만이 최선의 길이요, 사모의 미덕일 수 없다는 얘기다. 자기 남편이 탈선하지 않고 정도를 걷도록 하는 일은 사모의 사명이다. 예부터 충신은 왕이 정도를 걷도록 하는 일을 위해 생명을 초개처럼 버렸다. 그러기에 충신의 충언은 나라의 기틀을 바로 잡게 하는 원동력이 되었다. 측근자들의 영향력에 의해 나라가 흔들리게 되는 일도 상당수에 달한다. 그러나 책임은 정치 지도자인 왕이 져야 한다. 대부분 문제해결의 열쇠는 왕에게 달려 있다.

이와 마찬가지로 교회 흥망도 교회 지도자인 목사에게 달려 있다. 대부분 문제의 원인이 목사에게 있다고 하는 통계이고 보면 목사에게는 심사숙고해야 할 중차대한 사명이 있다고 본다. 그리고 그 책임은 똑같이 사모에게도 주어진다. 그러므로 사모는 지혜와 용기로 자기 스스로 위치를 지키면서 고독하고 힘든 십자가의 길을 함께 걸어가야 한다. 지켜보는 것만은 미덕이 아니라는 사실을 생각해야 한다. 그렇다고 치맛바람을 일으키며 큰소리치고 각 기관을 간섭하라는 말은 아니다. 교역에 적극적으로 참여하라는 말도 결코 아니다. 원인이 어쨌든 결과가 중요하다. 만약 남편이 잘못되면 그 결과는 어떠한 것인가를 생각해 봐야 한다. 그 책임은 사모에게 떨어진다는 사실을 생각해 봤는지 모르겠다.

그러므로 사모는 생명을 초개처럼 생각하며, 남편이 참 목자의 길을 걷도록 하기 위해 위대한 여성의 영향력을 발휘해야 한다. 이때를 위해 하나님께서는 여성에게 놀라운 영향력을 주셨다고 믿는다. 성실과 목회 양심으로 사명에 충성을 다하여 참된 목자로서 정도를 걸어가도록 영향력 있는 사모가 되어야 한다.

 성도들이 목사를 충고하는 일이 있기 전에 사모의 내조가 필요하다. 만약 성도 중 한 사람이 목사에게 충고하는 일이 생긴다면 이미 막을 수 없고 돌이키기 어려운 극한 상황에 이르렀다는 의미가 될지 모르기 때문이다. 지금은 악한 시대요, 말세이기 때문에 실수가 없어도 대적하려는 가시 같은 성도들이 있게 마련이다. 그렇다고 한다면 사모의 사명이 더욱 막중한 것임을 명심해야 할 것이다. 그 소임을 다하기 위해선 사모의 신앙과 인격이 바로 형성되어야 할 것이다.

 자칫하면 사모는 소외되기 쉽다. 성도 중에는 목사 한 사람 대우하는 것으로 족하게 여기며, 사모는 의식적으로 무시하려는 경향이 있다. 상대가 여성도일 경우는 더욱 그렇다. 그들은 같은 여성으로 보고 있기 때문에 라이벌 의식이 있다. 사모가 여성의 지도자 되는 것을 싫어한다. 보이지 않는 목사의 한 아내로만 머물러 있기를 바라고 있다. 그런데 사모의 지식이 결핍되었거나 비도덕적인 비리를 범했을 때는 조금의 관용도 없이 정죄하려 든다. 그래서 소외당하게 된다는 사실에 주목해야 한다. 그러므로 지금은 사모의 윤리가 회복되어야 할 때라고 본다.

 필자는 사모의 사명, 그 위대함을 믿는다. 그 어떤 여성이 할 수 없는 위대한 일을 할 수 있다는 것은 축복받는 일이며, 그런 사람이 곧 사모인 것이다. 그런데 극소수의 경우이지만 지나친 사모의 득세와 무지와 부덕으로 인해 모든 사모가 상처받게 되는 비극적인 현실 앞에서 슬픔을 금할 수 없다. 많은 성도는 사모들에 대한 기대를 잃었고, 너무 많은 실망과 너무 오랜 낙담 속에서 결국 사모는 보이지 않는 목사의 한 아내로 머물러 있기를 갈망하게 했다. 그것은 곧 사모 자신이 심은 대로 거두는 결과가 아니겠는가?

사모는 도덕과 윤리의 선각자가 되어야 할 것이다. 불행한 성도와 불행한 이웃을 멀리하려는 비정하고 편벽된 사귐, 사치와 낭비, 교만한 언행, 필요 이상의 사명 의식 등으로 교인들과의 마찰을 가져오고, 그로 인해 남편과 교인들에게 상처를 주는 잘못된 생활양식을 고쳐 나가야 한다. 그럴 때 교회 지도자들 간의 조화가 이뤄지고, 지도자와 성도들 간에 조화가 이뤄지는 축복된 하나님의 의가 실현될 것이라고 확신한다. 주 안에서는 무한한 가능성이 있다고 했으니 사모의 경우는 더욱 그렇다고 생각한다.

아담에게 끼쳤던 하와의 영향으로 인류가 침해당했고, 이세벨의 악영향이 이스라엘을 파멸로 이끌었다는 역사 속에서 교훈을 얻는다. 그러면서 그것은 여자의 영향력이었다고 돌을 던진다. 그런데 에스더의 아름다운 영향력에 의해 유대민족이 구원됐던 것은 왜 여자의 영향력으로 인정하려 들지 않는지 모르겠다. 그리스도가 지배하는 여성, 그리스도가 주관하는 여성의 삶 속에선 그 지능적인 영향력이 건설적인 아름다운 영향력으로 변화될 수 있다는 사실에 주목해야 한다.

하나님께서 나를 통하여 많은 문제 속에 섭리하셨지만, 그 가운데 하신 하나님의 말씀은 곧 "하나님의 종은 하나님이 간섭할 일이요, 성도가 하나님의 종을 대적해서는 안 된다. 비록 하나님의 종이 죽을죄를 지었다 해도 성도 권한 밖의 일이요 다만 기도하여 하나님의 뜻대로 해결할 뿐이다. 만약 하나님의 종을 대적한다면 종을 치기 전에 먼저 대적하는 성도를 칠 것이다."라는 것이었다.

진정 순진한 양들이 많이 있다. 그런데 그들이 때로 목자에게 달려든다. 어떤 이유이든 간에 그것은 옳지 않다. 그러나 그 책임이 누구에게 있겠는가? 한번 살펴봐야 할 문제이다. 교인에게 상처를 주는 잘못된 생활양식은 고쳐 나가야 할 것이다. 여기에 슬기롭고 용기 있는 사모의 영향력이 요구되는 것이다.

이미 언급했지만, 천성적으로 여성은 인간 생활과 생명에까지 미칠 무서운 영향력을 가지고 있다. 이러한 여성의 무서운 잠재력이 그리스도에 의해 통제되면 복된 삶으로 변화할 수 있고, 주위의 생명을 살릴 수 있는 무한한 가능성을 갖게 된다. 우리는 할 수 없지만, 그리스도 안에 주관된 사모의 삶이 될 때 그리스도께서 그렇게 하도록 하신다. 그러므로 모든 여성의 잠재력을 묶어 두려 하는 것은 사명을 다하지 못하도록 하는 오류가 된다는 사실을 깨달아야 할 것이다.

하나님은 이 사실을 내게 알려 주셨다. 우리는 악하고 시급한 시대 속에 살고 있기에 하나님은 나 같은 못난 것도 부르셨다. 그러나 나 역시 여자요, 사모라는 고정관념에서 헤어나지 못하는 약함이 있었다. 그러므로 약간 도전적인 것 같으면 망설이고 움츠러들기도 했다. 그러기에 주님은 이런 나를 책망하셨다.

"너는 내가 기뻐하는 것을 어찌 싫다 하느냐? 그것은 겸손이 아닌 불순종임을 알지 못하느냐? 인간에게 미덕이 될지 모르나 내게는 아름다움이 되지 못한다는 사실을 알지 못했더냐? 그것은 불순종의 죄니라. 이때를 위해 고난 속에 연단하게 했으며 수많은 사망에서 건졌느니라. 내가 너를 쓰려함은 사모의 사명이 막중함 때문이요, 또 내가 네게 오래전에 강한 능력을 주었으되 사모의 덕을 지키기 위하여 강한 능력까지 감추며 간직했기 때문이며, 교회의 사랑과 평화를 위해 억울함을 참으며 강하고 급한 성격까지 죽였기 때문이다. 또한 주의 종에게 용기와 지혜로 잘 내조하였으며 네 은밀한 구제가 하늘에 상달되었기 때문이요, 급한 마지막 시대이기 때문이다. 그러니 너는 지체하지 말고 일어나 빛을 발하라. 때가 악하고 급하니 네 모든 것을 밝혀 알게 하여 사모들로 하여금 아름다운 빛을 발하여 내 기쁨이 되게 하리. 너는 이 사명을 위해 40일 금식으로 무장하라. 사랑하는 나의 딸, 나의 종아, 때가 급하구나. 잠시 후면 내가 가리니 지체치 아니하리라. 머지않아 주의 종들의 고난의 때가 오리니 대적하는 자들이 득세하리라. 그래도 너는 망설이겠느냐? 지난날의 너의 겸손은 이제 불순종이 될 것이니 이는 급하기 때문이다."

"오, 주여! 용서하소서. 이 생명이 다하도록 주의 뜻을 이루기 위해 한 알의 밀알이 되겠나이다." (「신비한 체험」 중에서)

주의 종들의 죄 때문에 이 나라에 피 흘리는 역사가 끊이지 않는다는 주의 음성을 잊을 수가 없다. 그래서 창조적인 영향력이 있는 여성인 사모들을 부르시는 하나님의 뜻을 알 것 같기도 하다.

지금 안일하게 나 자신의 행복만을 지키고 있기엔 너무 급박한 시대임을 깨닫게 된 것이다. 사회에 실망을 던져 주었던 교회의 잃어버린 사명을 되찾게 하고, 하나님이 원하고, 교회가 원하고, 사회가 원하는 사명의 종이 되도록 하는 일을 위하여 이 한 목숨을 버리겠다는 비장한 각오를 하기에 이른 것이다.

하나님의 심판을 받지 않는 축복된 민족이 되도록 하는 일을 위해 모든 지도자가 바로 서야 하며, 이 일을 위해 사모는 하나님이 주신 영향력을 아름답게 개발시켜야 한다. 언제 어느 때 하나님의 심판이 내려 세계가 불타게 되는지 알 수 없기 때문이다.

불안한 시대에 사는 현대인들이 이성을 잃어가고 있으며, 방향 감각을 상실한 채 기계화된 인간의 비애를 안고 흐느끼며 비틀거리는 서글픈 모습을 본다. 여기에 기독교의 사명이 있는 것인데, 교회 또한 늙고 병들어 가고 있으니, 앞으로 어두운 미래를 염려하지 않을 수 없다.

역사 속의 기독교는 민중을 움직이고 기독교에 의해 민중의 문화가 이루어졌지 않는가. 그런데 지금 어떠한가? 기독교 이념이 대중을 지배하기는커녕 비판의 대상이 되는 자리까지 격하되고 말았으니, 분노하시는 그리스도의 대심판은 필연적인 것이 아니겠느냐는 얘기다. 오늘날 교회는 마땅히 해야 할 일은 하지 아니하고 하지 않아야 될 일들을 하고 있으니, 어찌 분노가 타오르지 않겠는가.

"교회의 사명은 이것이니, 이웃사랑을 실현시키는 것으로서 소외된 자들의 친구가 되는 일이며, 구제하는 일이다. 너는 이 사실을 알게 하여 깨닫게 하라. 믿는 자를 보겠느냐? 참 종을 보겠느냐? 주의 종들의 죄 때문에 이 나라에 피 흘리는 역사가 끊이지 않으리라. 여기에 여종인 사모의 사명이 있으니 막중한 것이다. 이때를 위해 세움을 받았으니 아름다운 영향을 끼쳐 빛을 발하라…."(「신비한 체험」중에서).

기독교가 병들면 사회와 민중이 병들고, 교회 지도자가 타락하면 사회 지도자도 타락하게 된다는 것은 필연적인 사실이다. 인류 역사의 흥망성쇠 열쇠는 언제나 기독교가 쥐고 있었다. 기독교가 사명 따라 의롭게 정의롭게 살아 움직일 때 역사는 희망이 있었다. 그런데 지금은 어떤가? 인류를 멸망으로부터 구출할 수 있는 유일한 열쇠를 쥔 기독교가 시들고 병들어 가고 있으니 인류의 역사는 마지막에 디디랐다고 생각하지 않을 수 없다. 무서운 하나님의 심판이 다가오고 있다. 하나님께서는 그 책임을 기독교 지도자들에게 묻겠다고 하셨으니, 여기에 사모도 책임이 있는 것이다.

그러므로 남편이 참 종이 되도록 후원하는 영향력 있는 사모가 되어야 할 것이다. 축복스러운 사모의 영향력을 통해 교회와 인류가 구원되도록 하고, 남편이 하나님의 칭찬을 받는 참 종이 되고 위대한 지도자가 되도록 하는 일을 위해 사모는 생명까지 바칠 용기가 있어야 하며, 아름다운 영향력에 의해 빛을 발해야 한다.

어두운 교회도 인류 사회도 그럴 때 정의의 사자인 세례 요한처럼 정의로운 지도자가 되어, 과거 역사 속의 기독교처럼 민중을 움직이고 기독교에 의한 문화가 형성되도록 해야 할 것이다. 그럴 때 비로소 인류의 역사는 희망의 서광 속에 떠오를 게 분명하다.

PART 4

대환란의 징조들

1. 이스라엘의 회복

이스라엘의 회복은 세계 종말을 알리는 경고장이다.

이스라엘은 하나님께 특별히 사랑받은 선택된 민족이다. 그러나 하나님을 섬기지 않고 불순종한 죄 때문에 나라를 빼앗기고 종이 되어 방랑 생활을 해야 하는 굴욕적인 삶을 영위하면서 약속하신 메시아를 기다리는 소망으로 버티어 왔다. 마지막에 하나님이 다시 그들을 모아 그 고토(현 팔레스타인)에 나라를 세우고, 예루살렘이 이스라엘의 수도가 되고 세계의 중심도시가 되게 하신다는 예언이 현재 거의 이루어지고 있다.

그러면 여기에서 약 3,500년 전의 역사로 거슬러 올라가 보자. 삼천오백 년 전, 이스라엘 영도자 모세가 약속의 땅 팔레스타인을 향해 진군하면서 예언한 그 말대로 이스라엘은 첫 번째 바벨론 군대의 침략을 받아 멸망했다.

(1) 바벨론의 침략

이 침략 군대는 몹시 사납고 광포하여 노인, 여자, 어린아이들까지 무참히 살육했다. 살아남은 유대인들은 포로 신세가 되어 바벨론으로 끌려가고, 숨어 있던 사람들은 난민이 되어 도망쳐야만 했던 비극의 역사는 여호야긴 제5년, 기원전 581년에 일어난 사실이다.

이 산 역사가 모세의 예언을 구체화시켰다. 또 이사야 선지자도 동일한 예언을 했다.

"보라 날이 이르리니 네 집에 있는 모든 소유와 네 조상들이 오늘까지 쌓아둔 것이 모두 바벨론으로 옮긴 바 되고 남을 것이 없으리라 여호와의 말이니라"(사 39:6).

예레미야 선지자도 동일한 예언을 했다.

"이 모든 땅이 폐허가 되어 놀랄 일이 될 것이며 이 민족들은 칠십 년 동안 바벨론의 왕을 섬기리라"(렘 25:11).

이 모든 것이 예언대로 성취되었다. 생존한 유대인들은 70년 동안 바벨론에서 노예 생활을 하며 바벨론 왕을 섬겼다. 이때 노예 중의 한 사람인 에스겔에게 마지막 날에 되어질 일들을 보이시고 예언해 주신 기록을 볼 수 있다. 바그다드 가까운 지방에서 포로로서 비참한 가운데 살면서 치수 공사를 하던 에스겔에게 희한한 한 사건이 발생했던 것이다. 하늘에서 대이변이 일어났는데, 신음소리가 하늘에서 들려오고, 이상한 빛이 번뜩이고, 바람과 구름이 번뜩이며 날아오더니 돌연 구름 속으로부터 빛나는 신이 그의 앞에 내려왔다. 그 신은 불을 품고 있었고, 네 얼굴을 하고 있었다. 광채를 띤 많은 눈과 네 개의 날개와 네 개의 청동 같은 금속의 띠를 하고 있었는데, 이 다리는 각기 바퀴가 달려 있었으며 굉장한 소리를 내며 날아내려 왔다. 번개처럼 날쌔게 오갔다. 그러면서 이렇게 말하는 것이었다.

"끝날, 북에서 구름처럼 오는 곡에게 말하여라."

이 말씀은 최후의 날, 즉 인류 종말의 날에 곡이 이스라엘을 침공한다는 예언이다. 이스라엘 북쪽엔 시리아 나라가 있다. 그리고 시리아 북쪽은 터키, 터키 북쪽은 과연 어디일까? 바로 러시아(구소련)이다. 러시아는 이스라엘, 그리고 마지막 시대의 종말론과 밀접한 관계가 있다. 그러나 먼저 이스라엘 민족의 회복이 있어야 한다. 아니, 그보다 먼저 모세의 예언과 산 역사를 더듬어 보아야 한다.

노예 생활이 끝나자 페르시아의 고레스 왕이 유대인들을 석방하고 성전을 중건케 했다(대하 36:22). 그런데 하나님의 은총을 감사할 줄 모르고, 하나님의 사랑을 배척하고 불복하는 유대민족에게 또 한 번 나라를 잃고 방랑의 슬픔이 있으리라는 예언대로 로마에 의해 멸망하고 말았던 것이다.

(2) 로마의 침략

　잔악한 로마 군병들에 의해 예루살렘은 초토화되고, 유대인들은 짓밟히고 찢겨 죽는 살육전에 의해 거의 죽임을 당했다. 요행히 살아남은 생존자들은 이집트의 노예시장에 짐승처럼 싼 가격에 팔려 갔고, 간신히 빠져나온 유대인들은 난민이 되어 가족과 생이별하고 뿔뿔이 흩어지고 말았다(신 28:24-28). 모세가 유대인이 방랑 생활을 할 것과 박해와 핍박에 의해 평안함을 얻지 못할 것과 생명의 위협이 있을 것이라고 예언한 대로 유대인의 고난의 역사가 시작되었던 것이다.

　이사야, 예레미야, 에스겔도 동일한 예언을 한 바 있다. 이 예언적 경고대로 이스라엘 민족은 눈물과 피 흘리는 환란의 역사 속에서 살아왔다. 하나님의 특별한 사랑을 외면하고 죄에 빠진 이스라엘 민족에게 "이 모든 저주가 너와 네 자손에게 영원히 있어서 표징과 훈계가 되리라"(신 28:46)고 하셨다.

　또 예수께서 붙잡혀 가시기 직전에 하신 말씀에 큰 의미가 담겨있다. 메시아를 거부하고 죄인처럼 십자가를 지게 한 유대인들의 죄에 대한 예언이다.

　"이는 땅에 큰 환난과 이 백성에게 진노가 있겠음이로다. 그들이 칼날에 죽임을 당하며 모든 이방에 사로잡혀 가겠고…"라는 말씀이 누가복음 21장 23-24절에 기록되어 있으며, "내가 진실로 너희에게 이르노니 이것이 다 이 세대에 돌아가리라"고 마태복음 23장 36절에 말씀하셨다. 이 예언 후 40년도 못 되어 이스라엘은 로마 군대에 의해 멸망하고 말았던 것이다.

 세계의 역사가들을 놀라게 한 이 적중된 예언들! 하나님의 은총을 거절하고 죄에 빠진 유대인들! 메시아를 십자가에 못 박아 죽인 유대인들! 그들은 뿌린 씨앗을 거두어들인 것이다. 그 결과가 얼마나 무서운 것인가를 생각하면서 최후의 날에 하나님의 심판에 대한 경종으로 삼아야 할 것이다.

 유대인처럼 한 맺힌 삶을 사는 민족은 일찍이 없었다. 끝없는 방랑 생활, 학대와 천대, 생명의 위협을 받으며 숨죽이며 살아야 했던 그들이었다.

 그뿐인가? 유대민족은 3분의 1이 학살당하면서도 분노를 터뜨리거나 항의 한번 제대로 하지도 못하고 죽은 목숨처럼 살아온 그들이기도 하다. 긴 세월 동안 곤고하게 한 맺힌 삶을 살아야 했던 유대 민족이었다. 가는 곳마다 탄압이요 생명의 위협이 따랐다. 가톨릭에서도 그랬고, 미친개 나치스 히틀러는 더욱 그랬다. 그는 유대민족의 3분의 2에 달하는 600만 명이나 되는 유대인들을 가스실에 넣어 죽여 버렸다. 그리고 그 시체를 해부하여 기름으로 사용하기도 했다. 불에 태워 죽이고 굶겨 죽이기도 했다. 그들이 이런 참혹한 고난과 숱한 희생의 역사 속에서도 한 가닥의 소망을 잃지 않고 버티며 살아온 것은 '약속의 땅'을 주시겠다는 예언의 말씀 때문이었다.

(3) 이스라엘의 재건

성경의 예언을 뒷받침해서 17세기 미국 잉클리스 메이저는 말세에 유대인들은 팔레스타인으로 돌아가 그들의 나라를 세울 것이라고 했으며, 영국의 존 커밍도 동일한 예언을 했었다. 그러나 이런 말씀은 이뤄질 것 같지 않았다. 그래서 사람들은 그들의 예언을 무시하고 가볍게 흘려 버렸다. 그런데 그 말들이 1917년 영국 정부가 유대인의 건국을 지지하면서부터 서서히 이뤄지기 시작했다. 그 당시 팔레스타인은 영국의 위임통치하에 있었다. 절대 권력을 가진 영국 정부는 양다리를 걸치는 정치노선을 추구했다.

이스라엘에게는 영국이 세계 1차대전에서 승리하면 팔레스타인에 유대민족 국가가 재건되도록 해주겠다는 선언을 함과 동시에, 검은 사막의 왕자인 아랍에 대해서는 터키만 물리치면 팔레스타인에 아랍인의 나라가 건국되도록 해주겠다는 제안을 했던 것이다. 그러나 세계 2차대전으로 말미암아 이 약속들은 허무하게도 수포가 되고 말았다. 설상가상으로 고향에 돌아가겠다는 소망이 깨어지고 절망에 빠져 탄식하고 있을 때, 히틀러의 잔혹한 박해로 유대인의 3분의 2에 달하는 사람들이 학살당하고 양초 대신에 그들의 기름이 등불에 쓰여졌다. 이런 역사의 흐름 속에서 유대민족에게 정해진 예언이 성취될 가능성이 전혀 없었으므로 건국의 소망은 좌절되고 원점으로 돌아간 듯했다. 분명 그랬었다.

모든 사람은 예언이 성취되기는커녕 유대인이 멸종될 줄 알았다. 불행한 민족, 나라 없는 방랑민족으로 동정을 불러일으켰던 유대민족이었다. 분명 그랬는데, 이제 그들은 재계와 정계, 학계에 막강한 힘과 우수한 두뇌를 과시하면서 세계를 놀라게 하더니 서서히 두각을 나타내기 시작했다.

　세계적 강국인 미국, 그중에 막강한 힘을 소유한 국무장관, 국방장관이 유대인이었다. 그뿐인가? 미국의 거대한 은행들을 한 손에 쥐고 세계를 움직이기 시작했다. 그들은 미국과 조국 팔레스타인으로 나뉘어, 안에서는 아랍인들과 싸우고 밖에서는 정계, 재계를 통해 힘 있게 후원하여 '역시 특별한 민족이다.'라는 감탄사가 세계에서 터지게 하더니, 1948년 이스라엘 공화국은 독립을 선포하고 와이즈만이 초대 대통령, 밴 구리온이 수상이 되었다. 약속한 예언대로 유대민족은 나라 없는 서러운 방랑 생활을 끝내고, 세계 각국으로 흩어졌던 유대인이 고국으로 찾아들었고, 급기야는 우리나라 작은 섬인 제주도의 인구만 한 적은 수로 아랍 연합국을 여러 번 이기는 신화를 남겼다. 이것이 곧 하나님의 계획이요, 섭리이기 때문이라는 사실을 기억해야 한다.

> "보라 나는 그들을 북쪽 땅에서 인도하며 땅 끝에서부터 모으리라 그들 중에는 맹인과 다리 저는 사람과 잉태한 여인과 해산하는 여인이 함께 있으며 큰 무리를 이루어 이 곳으로 돌아오리라 그들이 울며 돌아오니 나의 인도함을 받고 간구할 때에 내가 그들을 넘어지지 아니하고 물 있는 계곡의 곧은 길로 가게 하리라 나는 이스라엘의 아버지요 에브라임은 나의 장자니라 이방들이여 너희는 여호와의 말씀을 듣고 먼 섬에 전파하여 이르기를 이스라엘을 흩으

신 자가 그를 모으시고 목자가 그 양 떼에게 행함 같이 그를 지키시리로다"(렘 31:8-10).

비웃던 역사가들이나 성경 비평가들에게 큰 충격을 안겨다 주고 세계 이목을 집중시킨 대예언서 성경은 진정 하나님의 말씀 아닌가.

이사야 5장 6절의 "내가 그것을 황폐하게 하리니 다시는 가지를 자름이나 북을 돋우지 못하여 찔레와 가시가 날 것이며 내가 또 구름에게 명하여 그 위에 비를 내리지 못하게 하리라 하셨으니"라는 말씀대로 이스라엘은 멸망되고 뿔뿔이 헤어져 고국을 떠난 뒤 비가 오지 않아 저주의 땅이 되고 말았다. 그러나 "내가 그들에게 복을 내리고 내 산 사방에 복을 내리며 때를 따라 소나기를 내리되 복된 소나비를 내리리라"(겔 34:26)는 예언대로 대지는 대이변을 일으켰다. 저주받아 버려진 에르레드 평원은 과수원, 농장, 목장으로, 그리고 메마른 들은 풍요한 북쪽 휴레호도 농지가 되었다.

"내가 헐벗은 산에 강을 내며 골짜기 가운데에 샘이 나게 하며 광야가 못이 되게 하며 마른 땅으로 샘 근원이 되게 할 것이며, 내가 광야에는 백향목과 싯딤나무와 화석류와 들감람나무를 심고 사막에는 잣나무와 소나무와 회양목을 함께 두리니"(사 41:18-19).

이 말씀대로 사막의 모래와 거친 땅이 오늘날 낙원 같은 복지로 변모하여 세계가 주목하게 된 샤론 평원을 이루어낸 것이다. 거기에서 나온 포도는 전 세계에 공급되고 있다 하니, 여러 면에서 유대민족은 신화적인 민족이라 말하지 않을 수 없다.

이처럼 이스라엘의 회복은 세계 역사상 유례없는 인간의 상식을 초월한 기적적인 신화를 남겼다.

> "내가 너와 네 후손에게 네가 거류하는 이 땅 곧 가나안 온 땅을 주어 영원한 기업이 되게 하고 나는 그들의 하나님이 되리라"(창 17:8).

까마득한 오랜 옛날 믿음의 조상 아브라함에게 언약한 하나님 약속의 땅 가나안. 그 땅을 하나님이 자기들에게 준 땅이라고 큰소리치는 유대민족은 진정 우스꽝스러운 민족으로 보였다. 그뿐인가. 비워둔 사이에 그 땅을 지배하며 주인 행세를 한 아랍인들의 불법행위를 용서할 수 없다고 억지를 쓰는 유대민족을 역사가가 비웃고 세계의 눈들이 비웃었다. 분명 상식 밖의 일이었다. 그런 이유로 나라를 빼앗는다면 이 세계 역사는 대혼란이 올 것이다. 그렇기 때문에 이루어질 수 없는 터무니없는 잠꼬대라고 일소에 붙여 버렸던 아랍 제국이었으나, 체면상 상대하지 않을 수 없어 네 차례의 전쟁을 겪게 되었고, 그때마다 이스라엘은 승리를 거두어 점점 영토를 넓혀갔다.

사실 이 전쟁은 모두 어처구니없이 시작되었고, 어처구니없이 상상을 뒤엎는 결과로 끝났다. 따지고 보면 이 전쟁은 형제끼리의 전쟁이었다. 약속의 자손 이삭의 후손과 그의 배다른 형 이스마엘 후손과의 싸움인 것이다. 약속의 예언을 믿고 기다리지 못하고 성급하게 첩을 얻어 후손을 얻으려던 아브라함의 순간적인 실수가 오늘날 비극적인 역사를 초래했던 것이다. 이 역사를 통해서도 하나님의 계획에 순종하지 않고 사람 뜻대로 계획을 세운 결과가 얼마나 비참한 것인가를 알 수 있다.

그러므로 인간의 지혜는 하나님을 경외하며 그를 순종하는 일이다. 하나님의 계획 앞에서는 인간의 계획이 얼마나 헛된 것인가를 역사가 증명해 주고 있다. 그것이 바로 이스라엘의 대승리의 역사이다. 시리아, 요르단, 이집트, 이라크, 사우디아라비아가 연합하여 일시에 총공격을 개시하는 대군 앞에서 바람에 나부끼는 촛불 같았던 이스라엘이 거의 20배가 넘는 아랍연합국을 제압한 이른바 '6일 전쟁'을 들 수 있다. 기적과 같은 압도적인 대승리는 하나님이 약속한 승리이기 때문임을 알아야 한다.

이스라엘을 전멸시켜 버리겠다고 위협하며 시작된 1967년 6일 전쟁이 발발했을 때, 예루살렘 방송국에선 아모스 9장 14-15절의 "내가 내 백성 이스라엘이 사로잡힌 것을 돌이키니 그들이 황폐한 성읍을 건축하여 거주하며 포도원들을 가꾸고 그 포도주를 마시며 과원들을 만들고 그 열매를 먹으리라 내가 그들을 그들의 땅에 심으리니 그들이 내가 준 땅에서 다시 뽑히지 아니하리라 네 하나님 여호와의 말씀이니라" 이 예언의 말씀만을 계속 들려주었다고 한다. 진정 1948년 이스라엘의 재건이 약속의 성취라면 이스라엘이 그 땅의 주인이어야 하고, 뺏겨서도 안 되며 또 그 땅을 뺏기지도 않을 것이다.

이 어처구니없고 상식 밖의 전쟁에서의 패배는 아랍연합국 백성에게는 몹시도 가공할 만한 것이었다. 이스라엘을 몰아내기는커녕 오히려 영토가 줄어들었으니, 최신무기로 무장되고 잘 훈련된 생명을 내건 이스라엘 군대 앞에 맥을 못 춘 채 땅을 뺏기고 말았던 것이다. 결국 시리아는 퇴각 명령을 내려야 했으며, 이집트와 요르단은 전의를 상실하고, 소련(현 러시아)이 제공한 30억 달러 이상 되는 전쟁 무기의 손실로 이스라엘을 정복하겠다는 꿈이 무참히 깨어지자 이집트의 낫세르는 정계 은퇴를 발표하기에 이르렀다. 그는 은퇴 성명에서 영국과 미국의 개입 때문이었다고 책임을 엉뚱한 곳으로 전가해 상한 자존심을 위로받으려 했다. 낫세르의 계획과 꿈은 이상적인 것이었고, 분명 이룰 수 있는 막강한 힘이 있었다. 그러나 하나님의 보이지 않는 강한 능력의 손길이 있었기 때문에 예상을 뒤엎고 낫세르는 희생되고 아랍은 패배하고 만 것이다.

이 전쟁에서 이스라엘 인구는 두 배로 불어나고 영토는 8천 평방마일에서 3만 4천 평방마일로 넓혀졌으며, 소망하던 예루살렘을 얻는 행운을 얻었다. 유대인들은 종교적인 유적이 상하지 않도록 침착하고 지혜롭게 예루살렘을 탈환했는데, 그때 그들은 감격의 눈물을 흘렸다. 그들이 그리던 거룩한 성전과 '통곡의 벽'을 점유했을 때 특공대들은 벅찬 환희에 통곡하며 울었다. 그리고 다얀 장군은 "퇴각할 수 없는 지성소에 왔다."라고 힘 있게 외쳤다.

하나님이 함께 하신 전쟁이었기에 소련의 강력한 지원에도 불구하고 전투는 일방적으로 끝나고 말았다. 결국 이스라엘을 괴롭히던 골란 고

원이 정복되고, 아랍 제국인의 결정적인 패배로 유대인들이 약속의 땅에서 다시는 뽑히지 아니하리라고 한 아모스 선지자의 예언을 실감할 수 있었다.

(4) 아랍의 오일 갈취

어처구니없는 패배를 당한 아랍제국들은 엉뚱한 곳에 화풀이를 하려고 잔꾀를 부렸다. 그것은 곧 비우호 국가들에게는 오일을 비싼 값으로 판매하거나 또는 판매를 중단하겠다는 엄포를 친 것이다.

1973년 9월, 이스라엘의 원조를 중단하지 않으면 오일 판매를 중단하겠다는 압력을 가함으로써 전 세계를 위협하여 우리나라도 큰 타격을 입은 바 있다. 세계 모두가 멀리서 구경만 하다가 이처럼 직접적인 피해를 입은 전쟁은 일찍이 없었다. 새로운 외교 루트를 통하여 이스라엘을 통제하려 했으나 어떤 위협에도 그들은 굽히려 하지 않았다. 결국 이스라엘의 승리로 끝나게 된 것이다. 이는 약속 받은 상속자들이기 때문이다. 이것은 곧 종말을 알리는 경고장이기도 하다.

"그러나 무릇 너를 먹는 자는 먹히며 무릇 너를 치는 자는 다 포로가 되며 너를 탈취하는 자는 탈취를 당하며 무릇 너를 약탈하는 자는 약탈을 당하게 하리라 나 여호와가 말하노라 그들이 쫓겨난 자라 하며 찾는 자가 없는 시온이라 한즉 내가 너를 치료하여 네 상처를 낫게 하리라"(렘 30:16-17).

"그러므로 내가 말하노니 하나님이 자기 백성을 버리셨느냐 그럴 수 없느니라"(롬 11:1).

"그날에 주께서 다시 그의 손을 펴사 그의 남은 백성을 … 돌아오게 하실 것이라 … 땅 사방에서 유다의 흩어진 자들을 모으시리니"(사 11:11-12).

그리고 이사야 60장 21절에서 "네 백성이 다 의롭게 되어 영원히 땅을 차지하리니"라고 하셨는데, 이 시대에 흩어진 이스라엘 민족을 모아 약속의 땅에 살게 하시겠다는 하나님의 계획대로 땅의 사방 '107개' 세계 각국에서 모아들였다. 이 얼마나 무서운 예언인가? ㄱ 당시 공산국가인 소비에트 연방에서까지 이스라엘로 돌아온 것은 역시 하나님의 능력으로 이루어진 기적이라 할 것이다.

"내가 내 백성 이스라엘이 사로잡힌 것을 돌이키리니 … 내가 그들을 그들의 땅에 심으리니 그들이 내가 준 땅에서 다시 뽑히지 아니하리라 네 하나님 여호와의 말씀이니라"(암 9:14-15).

이스라엘의 회복과 이스라엘이 그 땅을 영원히 소유한다 해도 우리 믿는 자는 놀라지 않을 것이다. 그것은 마지막 시대에 이루어질 필연적인 예언의 성취이기 때문이다.

 거친 황무지 황량한 버려진 땅이 젖과 꿀이 흐르는 옥토가 된 가나안 약속의 땅, 이 풍요와 축복과 희망의 땅이 이스라엘 민족에게 돌아왔다는 것은 무엇을 의미할까?

2. 지진

"곳곳에 큰 지진과 기근과 전염병이 있겠고"

　전 세계 인류는 갑자기 횟수가 잦아지고 강도가 높아 가고 있는 극심한 지진의 참상 소식을 들으면서 지금 불안에 떨고 있다. 분명 강도는 높아만 가고 지진 발생 수는 증가하고 있다. 16세기에 153건 발생했던 지진이 17세기 와서는 2배나 되는 378건이 되었으며, 18세기에는 다시 640건이 되었다. 그러던 것이 19세기에 들어와서는 격증하는 추세를 보이며 무려 2,119건으로 뛰어올랐다.

　그런데 더욱 놀라운 것은 20세기 들어와서선 5천 년 역사 동안에 발생한 전체 횟수보다 훨씬 많은 지진이 발생하고 있다는 사실이다. 진정 놀라지 않을 수 없다. 어떤 과학의 힘으로나 인간의 지식으로도 도저히 막을 수 없는 이 지진 사건들은 우리 인류에 있어 커다란 충격이 아닐 수 없다.

　과학자들이 분석한 지진의 원인이란 지구가 아직도 용해 상태에서 식어가고 있기 때문이며, 또 한 가지는 지구가 팽창하고 있기 때문이라고 한다.

　이 지진은 두 개의 지진 맥에서부터 흐른다고 알려지고 있다. 하나의 지진 맥은 뉴질랜드에서 필리핀과 일본, 알래스카에 이르며 동시에 미국 서부 해안에 뻗어 있다고 하며, 또 하나의 지진 맥은 모로코, 그리스, 이란, 인도의 히말라야 산맥을 거쳐 자바 남쪽까지 뻗쳐 있다고 한다.

과학자들의 이론을 살펴보면 지표 밑 280마일에 매 평방 인치당 약 1,000톤의 용암이 있어 지구의 표면을 뚫고 나오게 된다고 말하고 있는데, 어떤 학자들은 '목성의 영향'을 주장하고 있다. 이른바 태양계에 있는 행성들이 태양과 일렬로 나란히 서게 되면 태양이 폭발하는 대이변이 발생하게 될 것이고, 태양 폭발의 커다란 영향을 받은 지구는 기후에 충격적인 변화가 있을 것이며, 그 때문에 엄청난 지진이 발생하게 될 것이라는 주장이다.

> "또 이르시되 민족이 민족을, 나라가 나라를 대적하여 일어나겠고, 곳곳에 큰 지진과 기근과 전염병이 있겠고 또 무서운 일과 하늘로부터 큰 징조들이 있으리라"(눅 21:10-11).

이렇듯이 무서운 이변과 지진에 대한 예언이 성경에 기록된 그대로 이루어져 가고 있다. 하나님을 믿지 않는 비크리스천 과학자들까지도 이 사실을 증명해 주고 있다. 1556년 중국에서 지진이 발생하여 사망한 사람은 무려 83만 명이며, 1923년 일본에서는 15만 명, 1930년 칠레에서는 2만 명, 그리고 1940년 터키에서는 3만 명이었다. 이란에서는 세 차례 지진으로 5만 명이 넘는 사망자를 내었다. 1976년 과테말라의 여러 도시가 지진으로 초토화되었다. 지금은 어떠한가?

"일월성신에는 징조가 있겠고 땅에서는 민족들이 바다와 파도의 성난 소리로 인하여 혼란한 중에 곤고하리라 사람들이 세상에 임할 일을 생각하고 무서워하므로 기절하리니 이는 하늘의 권능들이 흔들리겠음이라"(눅 21:25-26).

최악의 지진 발생은 마지막 전쟁 최후의 날에 속하는 대환란으로서 일곱 나팔이 울릴 때 발생될 것이다.

지금 제아무리 극심하다 한들 환란기의 예고편에 불과할 뿐이다. 그러므로 모든 인류는 인간의 무력함을 깨닫고 전능자 앞에 무릎을 꿇을 수 있는 겸허함이 있어야 할 것이다. 그리고 그분을 신뢰하고 그분께 모든 삶을 맡겨야 한다. 그럴 때만이 하나님은 모든 것을 책임져 주시고 구속의 은총을 내리실 것이다.

"이런 일이 되기를 시작하거든 일어나 머리를 들라 너희 속량이 가까웠느니라"(눅 21:28).

주님이 십자가에 못 박힐 때 지진이 일어났는데, 재림하실 때도 이 같은 징조가 있으리라고 요한계시록에 예언되어 있다.

지금의 부분적인 징조들은 하나님의 권능을 나타냄과 동시에 깨달아 구원시키려는 하나님의 위대한 사랑의 표시임을 믿어야 한다. 그러나 이런 징조를 보고도 믿지 않고 하나님의 최고 사랑을 거부한 어리석고도 교만한 자들을 하나님은 심판하실 것이다.

　얼마 후면 휴거 사건으로 세계는 흥분하게 될 것이다. 그와 동시에 휴거되지 못한 자들은 대환란을 만나게 될 것이다.

3. 기근

"그 날에는 먹을 것이 없어 자동 금식할 때가 오리니 극심하리라"

"기근이 있으리니…"(마 24:7).

세계 식량회의는 5천 7백만 명에 달하는 사람이 매년 기근으로 허덕이고 있다고 보고한 바가 있다. 또 패독스는 "기근은 역사 이래 가장 극심할 것이며 그것은 저개발국을 휩쓸어 버릴 것이다."라고 단언한다. 리 그릭스 씨는 "굶주림으로 천천히 죽어가는 것을 본다는 것은 전쟁으로 갑자기 죽는 것을 보는 것보다 더 끔찍한 일이다. (중략) 제일 가슴 아픈 일은 어린아이와 아기들 그리고 말라버린 가슴을 아이에게 빨리려고 애쓰며 공허하게 쳐다보는 어머니였다."라고 말했다. 이는 실로 비통한 일이 아닐 수 없다.

그런데 더욱 가슴 아픈 것은 상한 음식도 없어 먹지 못해 말라 죽어가는 데 비해 지나치게 먹어서 비대한 살을 빼기 위해 헬스클럽에 나가 돈을 주고 춤을 추는가 하면 비싼 약을 먹으며 살을 빼려고 안간힘을 다 쓰는 사람들이 많다는 사실이다.

한쪽에선 너무 못 먹어 죽음과 싸우고, 다른 한쪽에서는 너무 잘 먹어 비만과 싸우고 있다. 거기에다 사람도 먹지 못해 죽어 가는데, 짐승을 위해 값비싼 고기까지 아끼지 아니하고 포식하게 하고 있다. 어디 그뿐인가? 아까운 음식을 마구 쓰레기통에 버리는 일이 많다.

"온 율법은 네 이웃 사랑하기를 네 자신 같이 하라 하신 한 말씀에서 이루어졌나니"(갈 5:14).

"그의 계명은 이것이니 곧 그 아들 예수 그리스도의 이름을 믿고 그가 우리에게 주신 계명대로 서로 사랑할 것이니라"(요일 3:23).

"내 계명은 곧 내가 너희를 사랑한 것 같이 너희도 서로 사랑하라 하는 이것이니라"(요 15:12).

그들의 배고픔에 동참하는 마음을 가져야 하겠다. 아니, 이것은 기독교인이나 비기독교인이거나 따지지 않고 모두가 할 일이다. 이웃을 내 자신처럼 사랑할 수는 없을지라도 배고파 고통스러워하는 이웃의 아픔을 느낄 줄 아는 연한 양심을 가지고 산다면 얼마나 좋겠는가?

미국에서는 매년 5천 5백만 마리의 개와 고양이가 먹는 양식만 3백만 톤이나 된다고 한다. 이뿐 아니라, 개나 고양이 3천만 마리에 드는 비용만 해도 14억 달러나 된다는데, 세계의 많은 어린이가 오랫동안 단백질 결핍으로 인하여 영양실조로 말라 죽어가고 있으며, 질병에 약하여 수만 명씩 매일 죽어가고 있다. 세계의 기근은 나이 어린아이뿐만 아니라 어른들에게도 미치고 있다.

성경은 1,900년 전에 이 같은 일이 있을 것이라고 예언했다. 다만 그것이 이루어지기 시작했을 뿐이다. 또한 지금의 기근은 대환란 날의 서곡에 지나지 않는다. 제아무리 극심한 기근이 닥친다 해도 지금의 기근은 가공할 대환란의 징조에 불과하다. 대환란 기간에는 세계 인구의 4분의 1이 '기아'로 인해 죽게 될 것이라고 했다(계 6:7-8).

"그날(대환란 날)에는 금식 아닌 금식의 때가 오리니, 먹을 것이 없어 자동 금식할 때가 오리니 극심하리라"(『신비한 체험』 중에서).

그러나 두려워할 필요는 없다. 물과 성령으로 거듭난 마지막까지 주께 충성을 다하는 성도에게는 아무 관계없는 일이 될 것이다. 이들은 복 있는 자들이니 대환란이 있기 전에 들림(휴거)받아 이날에 있을 참상을 신비한 세계에서 보게 될 것이기 때문이다.

당신과 그리고 사랑하는 부모 형제, 이웃이 다 함께 휴거에 참여하는 사람들이 되기 위해 죽도록 충성하며 주님 오시기를 기다려야 할 것이다. 이날을 위하여 기도하는 당신이 되기를 빈다.

4. 도덕의 타락

"신사 여러분, 이제 막이 내릴 시간이 왔습니다."

시시각각 달라져 가는 시대의 변천을 보면 볼수록 막된 세상임을 알게 된다. 도덕이 땅에 떨어져 스승이 나이 어린 제자를 굶겨 죽이고, 남편이 아내를 찔러 죽이고, 아내가 남편을 목 졸라 죽이며, 사람을 토막 내어 죽이고, 며느리가 시부모 모시기 싫다고 분신자살하는 시대. 이전에 이런 일이 있기라도 했던가?

천인공노할 잔악한 시대라고 말하지 않을 수 없다. 이런 비정은 불길한 미래를 말해주고 있다. 앞을 다투어 늘어만 가는 범죄들. 세계는 무질서한 혼돈의 세계로 옮아가고 있다. 비본질적인 삶으로 변질되어 가고 있다. 이런 현상은 무엇을 의미할까?

도덕은 이미 땅에 떨어진 지 오래다. 사회질서는 무너지고 있으며, 천국의 모형이라는 가정도 교회의 사랑도 변모해 가고 있다. 그러므로 인본주의 신앙, 개인주의 사상이 팽배하고 있다. 이 때문에 엘리트족이라 자부하며 담임목사 모시기를 거부하고 각층의 지도자를 강단에 세우는 그룹교회, 가정교회가 성행되고 있음을 보게 된다. 날이 갈수록 윤리가 흐트러지는 이 시대의 흐름은 새 시대의 도래를 알리고 있다. 이 지구는 과연 어떻게 될 것인가?

물질만 있으면 인생의 문제가 간단히 해결될 것이라고 믿었지만 과연 그럴까? 정치적인 면에서 상호협력하고 우의만 지키면 평화가 유지되리라 믿었지만, 세계적으로 긴장과 충돌의 문제를 해결하려고 UN이 안간힘을 다했지만 깨어진 조약돌에 소용돌이뿐이 아닌가?

참된 교육만 시키면 인류평화와 행복이 보장되리라 믿었지만, 교육에 열을 올려 끌어올린 오늘날 그 교육의 결과는 어떠한가? 지식은 교만, 아집, 불효, 비리, 탐심, 파괴, 권력에 대한 탐욕만 키워가고 있다. 이 시대는 그 무엇으로도 치유되지 않고 메꾸어지지 않는 공허함이 짙어가고 있을 뿐이다.

이 모든 징조를 볼 때 마지막 순간에 와 있음을 피부로 느끼게 된다. 소돔과 고모라가 도덕적으로 타락하고 성적으로 문란할 때 유황불로 멸망했고, 노아 시대 또한 그랬었다. 로마 시대 역시 그랬었다. 그럼 지금 우리가 살고 있는 이 시대는 과연 그 시대와 무엇이 다른가? 진정 두려운 일이 아닐 수 없다.

오늘날 미국을 보라. 믿음으로 시작하여 오늘과 같은 부국의 은총을 얻었지만, 지금의 미국은 이미 과거의 미국이 아니다. 타락한 것이 미국뿐인가? 일본과 신사 나라인 영국도 마찬가지다. 동방 예의 국가라는 한국 또한 마찬가지다. 이미 모든 세계인은 도덕적으로 타락해 있다. 그리고 성적으로, 정치적으로, 종교적으로 타락했다. 그러기에 그리스도는 분노하셨고, 차마 더 보고만 있을 수 없는 극한 상황까지 왔으니 하나님이 심판하려 하시는 것이다.

빌리그래함 목사는 "현대인들은 하나님의 진노(anger)나 분노(wrath)를 심판에 관련시켜 생각하기를 싫어하고 있다. 그리고 자기가 좋아하는 하나님을 만들어 놓고 그 하나님에게 자기가 원하는 특성을 부여한다. 하나님을 자기가 바라는 타입의 하나님으로 개조해 놓고 자신으로 하여금 죄 가운데서도 죄책과 불안을 느끼지 않도록 해 보려고 한다."고 말했다. 이 '현대 신(神)'의 속성은 정의 없는 사랑과 정의 없는 자비와 정의 없는 용서다.

이는 죄에 대한 심판과 징벌의 부재(不在)를 의미하는 것이다. 이와 같이 현대의 하나님은 참기만 하는 하나님, 모든 것을 감싸주는 하나님, 선의의 하나님으로 개조되기에 이르렀다.

그러나 결코 혼동하지 말아야 한다. 하나님의 정의는 그 신성에 있어서 사랑과 똑같이 없어서는 안 되는 필수적이라는 사실을 알아야 한다. 하나님의 정의는 곧 사랑과 동시에 공의다. 이 사랑과 공의가 곧 구원과 심판인 것이다. 심판은 정의와 일관되기 때문이다. 그러므로 하나님은 공평과 정의를 행하신다. 정의 없는 심판은 존재할 수 없다. 행위대로 심판하여 상벌이 주어지게 되는 것이 이 세상의 정의일진대 하나님의 정의는 더욱 그러하지 않을까? 이 심판이 곧 하나님의 공의를 입증한다. 신과 불신, 선과 악을 가려 상과 벌을 주는 심판이야말로 공의의 하나님임을 입증한다. 반드시 심은 대로 거두어져야 하고 행한 대로 보응을 받아야 한다.

그러므로 하나님은 인간을 사랑하시되 공의를 저버리고 무조건 사랑할 수 없어 독생자로 인간의 죄악을 짊어지고 십자가에서 죽게 하신 것이 아닌가? 그런데 이 위대한 하나님의 사랑을 저버리고 돌아서서 불신

하고 거부한 것이다. 그러기 때문에 심판은 불가피한 것이다. 이미 여러 징조들이 피할 수 없는 하나님의 정의가 실현될 날들을 보여 주고 있다.

1960년대의 프랑스 화학자 미제랑 베르떼르는 "과학자들은 다음 1세기 내에 원자가 어떤 것인가를 밝혀낼 것이다. 인간은 원자를 알게 된다. 과학이 이 단계에 이르면 하나님은 대 열쇠고리를 들고 지상에 내려와 인류에게 말하리라. '신사 여러분, 막이 내릴 시간이 왔습니다.'라고." 말했다.

아놀드 토인비는 "이 마지막 4반세기에 접어들면서 사람들은 차츰 자기들이 포위망에 빠져 있다는 것을 알게 될 것이다."라고 이 시대를 우려했다.

하나님은 타락한 인간세계를 심판하시기 위해 인간이 만들어낸 과학을 이용하실 것이다. 그렇다면 어떤 시대까지 왔는가 한번 깊이 생각하면서 천천히 책장을 넘기는 것이 좋겠다.

5. 사탄 시대

"진리를 알지니 진리가 너희를 자유롭게 하리라"(요 8:32)

러시아 종교철학자 베르자에프는 "현시대는 역사적인 위기에 직면해 있다. 한 시대가 종말을 알리는 시대이며 새로운 시대가 이미 시작이 되고 있다."고 우려를 표명한 바 있다.

그의 말대로 끓는 가마가 기울어져 가고 있다. 그리고 40년 전에 이렇게 된다는 사실을 하나님께서 알려주시며 알리라 하셔서 『대심판』에 이 사실을 기록하여 알렸었고, 강단에서 이 사실을 외쳐 증거했다. 신부교회가 되어 신부로 단장하고 기도하고 준비하여 신랑 되신 예수님이 오실 날을 기다려야 한다고 외쳤었다.

신랑 되신 주님께서 하늘 나팔소리와 함께 천군 천사를 거느리고 구름 타고 오실 때 준비된 신부만 구름 속으로 끌어 올림을 받는 신비로운 들림(휴거)을 받지 못하면, 휴거되지 못한 자들은 사탄이 세계를 지배하고 다스리는 대환란의 때에 끔찍한 일을 당하게 된다고 몇 번이나 외쳐 증거하였었다. 미련한 다섯 처녀처럼 미리 준비하지 않는 자들과 함께 땅을 치고 통곡하며 후회할 끔찍한 대환란을 겪게 될 것이다. 지금 세계는 사탄이 계획한 대로 이루어지고 있음을 직시해야 한다.

지금 세계는 '하나님 아래 인류 한 가족'이라는 새로운 이념 사상이 빠르게 진행되고 있다. 현재 국제정세를 살펴보면 심상치 않은 징조들이 인류 최후의 날이 임박했음을 실감케 한다. 요한계시록에 기록된 대로 이루어가고 있다. 예언을 분석해 보면 중요한 3가지 테마를 찾을 수 있다. '민족흥망, 이스라엘 회복, 그리고 종말기 교회 타락'이다.

　지금 세계 지도자들은 기독교를 비롯한 모든 종교 지도자들이 종교 갈등을 해결하자는 명목으로 모든 종교가 하나가 되어야 한다는 그럴싸한 명목으로 '하나님 아래 인류 한 가족'이라는 이념 사상이 이루어지도록 손에 손을 잡고 있다. 세계가 하나라는 새로운 이념 사상이 빠르게 진행되고 있다. 사탄이 계획한 대로 세계질서가 새로 개편되고 있다. 이것은 거짓 평화왕 적그리스도가 이미 우리 앞에 와 있다는 증거이다. 그들의 최종 목표는 〈단일화〉이다. 흑암의 세력이 이 세계를 지배하고 다스리는 시대가 이미 도래했다는 징조임을 직시해야 한다. 이를 미리 아신 하나님께서 이 사실을 알리기 위해 성경에 기록하게 하셨다. 그리고 성경을 늘 읽고 지켜 행하는 자들에게 말씀이 그들을 지키게 복을 주셨다.

　요한이 밧모섬에서 때를 맞춰 이 사실을 알게 하시고 우리에게 알리도록 은혜를 베풀어 주셨다. 성경의 예언을 뒷받침하여 세계 과학자들과 역사가들이 이 사실을 앞다투어 발표하고 있다. 성경학자들도 종말기에 종교 타락을 우려하고 있다. 멸망과 새 시대가 교차되는 마지막 시대에 우리가 살고 있음을 알아야 한다.

〈교회 타락〉

우리가 가장 우려하는 것은 '종말기의 교회 타락'이다. 마지막 양심이라는 교회의 타락은 곧 막된 세상이 되었음을 의미하기 때문이다.

몇 명의 사역자를 포함한 하나님을 믿는다는 중직자들의 죄가 드러나 TV에 보도가 되고, 신문에는 대문짝만하게 교회의 거짓과 위선의 가면을 벗겨야 한다는 기사 내용으로 가득 채우고, 교회의 거짓과 위선을 담은 내용의 작품들이 만들어져 교회를 비방하고 있다. 세상 사람들은 어떻게 하나님을 믿는다는 자들이 그런 짓을 할 수 있느냐고 손가락질하고 따갑게 비난의 화살을 계속 쏟아대고 있다.

이는 분노하신 하나님께서 한탄하시며 '말세에 믿는 자를 보겠느냐 참 종을 보겠느냐 내가 피로 값 주고 산 교회들이 세속화 되어가고 있구나, 타락하고 변질되어가고 있구나' 하시며 분노하신 주님이 허락하신 심판의 경고 때문이다.

내가 거룩하니 너희도 거룩해야 한다 하신 하나님의 거룩한 백성이기 때문에 더럽고 추악한 죄에 빠져서는 안 되는 일이기에 분노하신 하나님이 허락한 심판의 경고였지만, 찢으셨으나 싸매시고 꿰매시는 용서의 하나님이요 사랑의 하나님이 회개하고 다시 주께 돌아오라는 신호이기도 했다.

무서운 '공의의 하나님'이기 전에 '사랑의 하나님'이시기에 돌이켜 변하여 새사람으로 거듭나 하나님의 자녀답게 하나님의 거룩한 백성답게 살아야 함을 깨우쳐 주시려는 것이다. 죄지은 자뿐 아니라 전교회를 먹칠

하게 하였지만 돌이켜 회개하는 기회를 주시어 다시 품에 안으시려고 아프게 찢으신 하나님의 마음을 안다면 성령으로 시작하여 육체로 마치는 어리석은 죄에 빠져서는 절대 안 될 것이다.

성도들의 영혼을 책임지고 있는 목회자가 성령의 훈련과 연단을 받고 십자가 체험을 하게 되면 성령 체험을 하게 되어 성령 안에 거하고 성령의 지배를 받아 '죄의 종이 되면 사망에 이름'을 알고 있어 죄의 몸이 죽어 다시는 죄의 종이 되지 않게 되는데, 왜 죄의 종이 되어 음란과 탐욕의 죄에 빠져 사망에 이르게 되었느냐고 묻고 싶었다.

그렇다면 사역자 믿음으로 의롭다함을 입지도 못했고 성령님의 훈련과 연단을 받아 십자가에서 예수와 함께 못 박힌 십자가 체험을 하지 못한 육신에 속한 그리스도인이었다는 말인가? 무엇보다 그것이 더 충격이 되었다.

'로마교회'는 술 먹는 것과 고기 먹는 것이 논쟁거리가 되었었다. 예루살렘'공의회'에서 유대인이 아닌 이방인에게는 유대법을 강제로 적용하지 않기로 정했지만 계속해서 이것이 논쟁거리가 되었었다. 그 당시 시장에서 판매되는 고기는 우상에 제물로 바쳤다가 판매되었다고 한다. 그래서 이 문제가 계속해서 논쟁거리가 되었었다. 우상의 제단에 바친 고기이기에 시장에서 판매되는 고기를 놓고 먹지 않는 사람들은 먹는 사람에게 우상의 제물을 먹는다고 비난하고, 먹는 사람들은 "음식 먹는 일로 인해 신앙생활에 아무런 영향을 받지 않는다. 예수님을 믿고 구원받은 자는 자유하기 때문에 유대법이나 음식에 얽매이지 않는다."고 믿어서 서로 업신여기고 멸시했다. 양쪽으로 나누어져 논쟁하다가 분열

되었는데 '서방 교회', '동방 교회'로 나뉘고 말았다. 교회가 두 조각난 이유가 먹어도 되고 안 먹어도 되는 시시한 논쟁 때문이었다.

오늘날 교회도 여러 가지 신앙생활의 작은 차이로 논쟁이 벌어지는 것을 볼 수 있다. 개신교 안에서 술, 담배가 금지된 것은 오랜 전통이지만 젊은 사람들 사이에서 술, 담배를 가지고 자주 논쟁을 한다. 또 드럼이나 전자악기를 가지고 찬양하는 것이 옳으냐 그르냐, 또 손뼉 치고 찬양하는 것이 옳으냐 그르냐, 또 선지국이나 보신탕을 먹는 것이 옳으냐 그르냐, 하는 아무것도 아닌 문제를 문제 되게 하면 사탄은 이 기회를 놓치지 않고 자기 진영으로 끌어들여 이용하려 할 것이다. 그러므로 사탄이 좋아하고 이롭게 하는 일은 없어야 한다. 하나님의 나라는 먹는 것과 마시는 것이 아니요 '의와 평강과 희락의 나라'이기 때문이다.

성령 안에 거하고 성령의 지배를 받는 성령의 사람들은 온유하고 겸손하고 절제할 줄 알기 때문에 절대 다툼이 일어나지 않는다. 자신을 죽이고 포기하고 상대를 높이고 자신은 낮아지기 때문에 논쟁이 일어나지 않는다. 오직 하나님이 기뻐하시는 '하나 된 교회' '화목한 교회' '화평한 교회'를 이루어낸다.

시기, 질투, 미움도 없어지고 남녀 간의 성 차별의 벽도, 빈부귀천의 벽도, 오랜 전통이었던 양반과 상민의 벽도 무너지고, 주인과 종, 남녀노소가 성령 안에서 하나 되고 화목을 이루어 화평한 교회를 이루게 된다. 그리하여 위대한 믿음의 선구자 고당 조만식 장로님과 순교자 주기철 목사님을 낳을 수 있었다.

하나님께서 '의와 평강과 희락'을 맺게 하시며 하나님이 기뻐하신 교회

공동체가 되도록 은혜로 인도하신다. '의'는 하나님과의 바른 관계이고, '평강'은 사람들과의 조화로운 관계이며, '희락'은 평강함으로 오는 개인적인 기쁨이다. '평강'에는 하나가 된다는 의미가 포함되어 있다.

사람과 사람이 하나 될 때 교회 안에서 사랑과 평화가 이루어진다. 화평이 이루어진다. 화목한 교회가 된다. 하나님께서도 기뻐하시고 칭찬하신다. 세상 사람들에게서도 칭찬을 받게 된다. 칭송을 받게 되는 것은 예수 믿는 사람들이 많아지고 교회가 부흥된다는 말씀이다.

"우리가 알거니와 우리의 옛사람이 예수와 함께 십자가에 못 박힌 것은 죄의 몸이 죽어 다시는 우리가 죄에게 종 노릇 하지 아니하려 함이니 이는 죽은 자가 죄에서 벗어나 의롭다하심을 얻었음이라"(롬 6:6-7)는 이 말씀대로 이제 우리는 죄에서 벗어나 의롭게 경건하게 거룩하게 살 수 있다는 것이다. 오직 교회 안에서 사랑과 평화와 구원의 역사와 성령의 역사만 있게 된다는 말씀이다. 고기를 먹어야 하나 먹지 말아야 하나 시시하고 사소한 논쟁은 일어나지 않는다는 말씀이다.

말세가 되어 사랑이 식어지고 믿음이 식어지고 불법이 성행하게 된다고 해도 성령 안에 거하고 성령의 지배를 받으면 죄를 물리치고 다스리며 살 수 있고, 성령의 지배에 순종하면 성령의 아름다운 열매를 맺으며 하나님이 기뻐하신 칭찬 받는 교회를 이룰 수 있다고 주님께서 말씀하셨다. 모든 하나님의 교회가 하나님이 기뻐하신 교회, 세상 사람들에게도 칭찬받는 그런 교회가 다 되어야 한다고 몇 번이고 간곡하게 부탁하셨다.

그런데 내가 피로 값 주고 산 교회들이 세속화되어 가고 있고, 음란과 탐욕의 죄로 영광스러운 십자가를 욕되게 하는 못된 목자도 있다고 한탄하시며 빨리 돌이켜 회개하지 않으면 무섭게 찢으시겠다고 하나님이 분노하시는 엄히 심판의 경고를 받는 교회도 있었다.

성령 안에 거하고 지시하심과 지배하심에 순종하면 전에 죄의 종이 되어 살았던 옛사람이 아닌 새사람이 되었으므로 다시는 불법에 내주어 불법을 행하지 않게 되는데, 어인 일인가? 성도들의 영혼을 책임진 사역자가 음란과 탐욕의 죄를 지어 세상 사람들에게 비난과 비판을 받으며 손가락질을 당하고 있으니…. 이렇게 애간장을 태우시며 우리 모두 구원받기 원하시는 하나님의 뜻을 안다면 정말 새벽잠을 깨워 일어나 새로운 각성을 해야 할 것이다.

나는 오랫동안 왜 사랑의 하나님께서 옥한흠 목사님이나 하용조 목사님같이 훌륭하신 분들을 하늘나라로 빨리 불러가셨는지 이해가 잘 안 되었다. 그러다가 성령에 이끌린 바 되어 '하늘 3층천'이라는 곳에 가서 장래에 되어질 감추어두신 비밀을 알게 하시며 성화된 주의 종들과 함께 재림 준비에 바쁘게 일하시는 것을 보면서, '아, 하나님께서 훌륭하신 두 분 목사님들을 재림준비, 성스러운 일을 시키시려고 빨리 불러가셨구나.' 하는 것을 깨달을 수 있었다. 그러나 여전히 두 분같이 훌륭하신 목사님들이 살아계셨다면 오늘날 한국교회가 이렇게 부끄럽게 추락하고 성직자의 권위가 땅에 떨어지는 부끄러운 일을 당하지 않았을 텐데 하는 아쉬움이 남아 내 마음을 아프게 했었다.

오, 주여! 우리의 죄를 용서해주소서!

강단의 종으로부터 유치부 어린이에 이르기까지 자복하고 회개하는 마음으로 십자가 앞에 두 무릎을 꿇고 "우리들의 죄를 십자가의 보혈로 씻어 깨끗케 하소서!" 탄식하며 부르짖어 회개의 불길이 타오르면, 성령의 불길도 타오르게 되지 않겠는가 하는 소망을 갖고 애통하고 회개하는 맘으로 기도하고 있다.

'주여, 우리의 죄를 용서하소서! 허물과 죄 많은 저희들을 불쌍히 여겨 주소서!' 애타게 기도해야 한다고 생각한다.

주는 자가 복을 받으며 선을 행하는 자가 복을 받는다. 또 환란과 풍파가 몰아쳐도 하나님이 기뻐하시는 방법으로 이겨야 하며, 하나님의 명하신 말씀대로 지켜 행하는 신앙생활을 해야 한다. 낙심하지 말고, 욥처럼 끝까지 큰 그림을 그리시는 하나님이심을 믿고 신뢰하고 끝까지 따라야 할 것이다. 하나님을 진실로 믿는 자라면 반드시 그렇게 하리라고 믿는다.

PART 5

거짓 평화 왕 적그리스도

거짓 평화 왕 적그리스도

적그리스도는 벌써 등장하여 〈짐승표〉를 사용하고 있다.

　적그리스도란 그리스도를 대적하는 자로서, 타락한 자요, 파멸의 아들이다. 요한계시록에 보면 짐승이라 하기도 했다. 〈짐승표〉를 가진 절대 권력자 적그리스도는 거룩한 성전을 모독하여 자기 자신이 숭배 대상자로 군림하여 유대인들로 하여금 경배하도록 강요하게 될 것이며, 사형이란 제도를 만들어 절대적인 복종만이 있게끔 할 것이다.

> "그가 권세를 받아 그 짐승의 우상에게 생기를 주어 그 짐승의 우상으로 말하게 하고 또 짐승의 우상에게 경배하지 아니하는 자는 몇이든지 다 죽이게 하더라"(계 13:15).

　이에 순순히 따르지 않는 유대인들과 성도들을 괴롭히고 끝까지 거역할 때는 여러 가지 잔인한 방법을 동원하여 공개 처형을 감행하는 공포의 대왕이 될 것이다. 그러나 처음에는 위장된 평화의 사람으로 환영받게 되고, 세계 여러 나라 종교 지도자(미국이나 이스라엘, 유럽정치 지도자)들로부터 절대적인 후원을 받을 것이다. 그리하여 큰 권한을 받아 초인적인 방법으로 이스라엘과 아랍 전쟁을 해결함으로써 세계 유일의 전무후무한 정치, 종교, 경제적으로 위대한 지도자로 각광을 받아 최고 영광을 얻게 될 것이다.

> "이 네 나라 마지막 때에 반역자들이 가득할 즈음에 한 왕이 일어나리니 그 얼굴은 뻔뻔하며 속임수에 능하며 그 권세가 강할 것이나 자기의 힘으로 말미암은 것이 아니며 그가 장차 놀랍게 파괴 행위를 하고 자의로 행하여 형통하며 강한 자들과 거룩한 백성을 멸하리라"(단 8:23-24).

거짓 선지자는 절대 권력을 쥔 왕이 되지 못하며 또한 자신도 원치 않는다. 하늘에서 불이 내려오게 할 수 있는 능력을 지닌 사탄의 대리자인 거짓 선지자들이지만 경배 대상이 되지 않으며, 적그리스도에게 경배하도록 하는 일에 충성을 다하게 된다. 사탄의 세계도 질서가 있고 마귀 삼위일체가 있음을 알 수 있다. 그래서 적그리스도는 그리스도를 모방한 자며, 사탄(용)은 하나님을 모방한 자요, 거짓 선지자는 성령을 모방한 자라 할 것이다. 적그리스도의 출현(살후 2:3)은 세계를 흥분의 도가니로 몰아넣기에 충분할 것이다.

신문, 라디오, 텔레비전은 적그리스도의 칭찬뿐으로 사상 유례없는 대인기를 모을 것이다. 그의 기발한 아이디어, 초인적인 능력과 탁월한 지도력으로 세계를 평화로 이끄는 놀라운 수완을 보일 것이다. 특히 이스라엘과 아랍제국의 골칫거리를 간단한 방법으로 해결함으로써 완벽한 위치를 굳힐 것이다. 그와 동시에 위장술을 벗고 악마의 본색을 나타내 자신의 신상(적그리스도의 우상)을 만들어 기념케 하고 경배하도록 강요하기에 이를 것이다.

> "땅에 거하는 자들을 미혹하며 땅에 거하는 자들에게 이르기를 칼에 상하였다가 살아난 짐승을 위하여 우상을 만들라 하더라"(계 13:14).

이 우상이 말을 하고 하늘에서 불이 내려오게 하는 엘리야 같은 능력을 행하여 만민을 미혹하고 영광을 얻게 될 것이다. 느부갓네살 왕처럼 절대적 특권으로 우상에게 절하게 하고 순복하지 않을 때는 가차없이 징벌을 받게 할 것이다. 그뿐만 아니라 〈짐승표〉를 받도록 하여 모든 매매행위에 필수조건이 되도록 할 것이다. 교통편이나 병을 치료할 때, 공부할 때, 물건을 살 때, 심지어 죽은 사람을 장사지내는 일까지 〈짐승표〉가 없는 사람은 이용할 수 없도록 하는 잔인한 독재정치를 할 것이 틀림없다. 그러므로 많은 사람이 살기 위해서 〈짐승표〉를 받게 된다고 했으니 이것이 사탄의 음모임을 알아야 할 것이다(단 11:21-36).

적 그리스도의 시스템은 벌써 등장하여 짐승의 숫자는 이미 사용되고 있다. 이제 적그리스도의 출현만 남았다. 이 시대는 마지막 시대에 와 있음을 직시해야 한다. 대환란의 문은 벌써 열려 있기 때문이다.

1. 거짓 선지자

잠시 후 말세에는 적그리스도에 의해 종교체제가 통제될 것이다.

"사랑하는 자들아 영을 다 믿지 말고 오직 영들이 하나님께 속하였나 시험하라 많은 거짓 선지자가 세상에 나왔음이니라"(요일 4:1).

거짓 선지자는 적그리스도를 돕는 종교적 지도자다. 그는 우상에게 생명을 넣어 주고 하늘에서 불이 내려오도록 하며, 적그리스도를 경배하며 복종하도록 하는 일에 생사를 걸 것이다. 이들은 자신이 숭배 대상이 되지 않는다. 다만 거짓 예언, 거짓 말씀으로 미혹하여 배교하도록 한다.

성경을 살펴보면 〈전 3년 반〉, 〈후 3년 반〉 환란기가 오기 전에 거짓 선지자가 많이 나타나고, 거짓 그리스도가 나타나 절대 권위의 종교체제가 이루어질 것이라 했는데, 잠시 후엔 종교 체제가 곧 적그리스도, 범세계적인 전능한 독재자에 의해 통제될 것이다. 이 세계적인 통합종교는 적그리스도를 숭배하도록 하고 거짓된 교회, 성령 없는 큰 교회를 위해 참 기독교를 팔게 될 것이다.

"그러나 백성 가운데 또한 거짓 선지자들이 일어났었나니 이와 같이 너희 중에도 거짓 선생들이 있으리라 그들은 멸망하게 할 이단을 가만히 끌어들여 자기들을 사신 주를 부인하고 임박한 멸망을 스스로 취하는 자들이라"(벧후 2:1).

거짓 선지자는 우상을 세워 말하게 하여 우상을 생명체로 만드는 이적을 행하여 많은 사람을 미혹하게 될 것이며, 그때에 이적과 기사를 보고 넘어간 사람들이 많게 될 것이다. 이것이 거짓 선지자들이 하는 일이다. 그러면서도 거짓 선지자는 자신을 높이려 하거나 숭배를 받으려 하지 않는다. 오직 거짓 예언과 능력을 행하여 사람들의 마음을 미혹하여 적그리스도를 숭배하고 섬기도록 하는 일을 위해서 적그리스도를 돕는 종교 지도자이다.

2. 〈666〉

짐승 숫자 〈666〉은 이미 전 세계적으로 사용되고 있다.
―――――――――――――――――――

악창과 종기는 〈후 3년 반〉 기간 중에 적그리스도 표를 받고 그를 섬기고, 경배하는 자들에게 생기게 되는데, 〈적그리스도표〉는 〈666〉 번호와 깊은 관련이 있다는 사실을 알아야 한다.

1970년대 농산물(가축)에 찍히기 시작된 〈만국 생산품 기호〉는 대환란 기간 중 전 세계 경제를 조정하기 위한 전조라고 보는 것이 지혜로울 것이다. 그것은 오늘날의 주민등록처럼 신분을 확인하기 위해 사용될 것이다. 성경은 오래전에 이 사실을 예고했다. 컴퓨터로 편리하게 조정되도록 하는 적그리스도의 짐승표가 널리 상용될 것을 아는 지혜를 허락하셨다. 그런데 놀랍게도 벌써 이루어지고 있다는 사실 앞에서 두려움을 갖게 된다.

현대 과학은 전자시대, 컴퓨터 시대로 편리한 체제를 탄생시켰다. 짧은 1초 동안에도 엄청난 계산을 척척 해내는 컴퓨터는 범 세계적인 문제를 간단하고 신속하게 해결해 주고 있다.

브뤼셀에 본부를 둔 〈유럽공동시장(EEC)〉은 세계적인 초점이 되는 가운데 세계 공동 단일화폐와 경제체제의 중심이 되어 가고 있다. 마지막에는 세계적으로 공통의 경제체제가 이루어지게 될 것이라는 성경 말씀대로 지금 시대는 놀라운 변혁이 있으니 이것은 과연 무엇을 의미하는가? 환란의 전조가 아니겠는가? 그러므로 준비하며 살아야 한다.

환란기 때 10개국 연방이 될 유럽공동시장은 공동 단일화폐를 만들어 사용하고 있고, 범세계적인 공동은행 체제인 국제통화기금(IMF)은 특별 인출권만으로 부도나 도난이 없는 절대 안전하고 절대 편리한 시대로 변화되었다. 메어리 수튜어트 렐프는 "현금시대는 지났다. 이제는 돈 없어도 살 수 있는 세상이 되었다."라고 말했다.

오늘날의 경제는 성경의 예언대로 마지막 경제체제를 향해 가속으로 달려가고 있다. 한국도 〈666〉 시스템이 큰 관심 속에 놀라운 발전을 하고 있다. 현대 과학은 레이저 광선이나 적외선 주사장치에 의해 분실 염려 없이 몸에 표시하게 될 것이라고 믿는다. 이미 가축에게는 소유표시로 사용되고 있는 형편이다. 도저히 신분을 숨길 수 없도록 확인하는 수준에까지 도달했다. 분명한 신분 확인을 위한 몸에 표시될 〈666〉은 사탄의 시대가 왔다는 것을 과학이 증명하고 있다.

> "그가 모든 자 곧 작은 자나 큰 자나 부자나 가난한 자나 자유인이나 종들에게 그 오른손에나 이마에 표를 받게 하고 누구든지 이 표를 가진 자 외에는 매매를 못하게 하니 이 표는 곧 짐승의 이름이나 그 이름의 수라 지혜가 여기 있으니 총명한 자는 그 짐승의 수를 세어 보라 그것은 사람의 수니 그의 수는 육백육십육이니라"(계 13:16-18).

"우리는 현재 통용되고 있는 지폐량을 줄이기 시작해야 합니다. 이제 완전한 EFT시스템을 시행할 시기가 정말 다가왔습니다."

냉동 박사가 역설한 대로 전자식 자금이체 시스템은 〈666〉 시스템이 될 것이 분명하고 확실하다는 사실을 믿어야 한다. 이 사실을 지혜 있는 자는 알 것이라고 말씀했다.

"악한 자는 아무도 깨닫지 못하되 오직 지혜 있는 자는 깨달으리라"(단 12:10).

지금 이 시대는 어느 때보다 지혜를 구해야 할 시대이다. 현금이 없게 만든다는 EFT 시스템이나 범세계적인 전자식 상거래 방법인 줄무늬 부호(바코드)를 관심을 가지고 살펴봐야 할 것이다. 또 1967년에 개최된 SWIFT를 주목해 보아야 할 필요가 있는 것으로 생각된다. 1,900여 년 전에 사도 요한이 예언한 대로 현금 없이 〈표(마크)〉와 〈666〉 숫자에 의해 모든 상거래가 이루어지고 있음은 곧 환란의 시기가 임박했다는 징조임을 알 수 있다.

지금 우리가 사는 현대의 과학은 성경의 예언을 뒷받침하여 경고하고 있다. 신이 없다고 하는 오만한 비크리스천들이나 과학자들까지도 성경의 종말론을 후원해 주고 있다는 사실은 무엇을 뜻하는지 조용히 생각해 보아야 한다. 마지막을 알리는 시대의 경제 특징은 현금 없이 〈표(마크)〉와 숫자〈666〉을 사용하여 전 세계적으로 광범위하게 이용되고 있다는 것이다. 국제은행은 물론 지방은행, 백화점, 슈퍼마켓에서까지 이미 매매하는데 사용되고 있다는 놀라운 현실 속에 살고 있음을 알아야 한다. 이것은 벌써 대환란의 문이 열리고 있다는 증거다.

그러므로 정신을 차리고 〈666〉숫자의 비밀을 알아야 한다. 〈6〉이라는 숫자는 사람의 수다. 또 사탄의 삼위일체를 상징하는 〈666〉이라는 숫자는 짐승 숫자다. 이제 곧 거짓 왕 적그리스도가 나타나 세계를 지배하게 될 것이다. 그때 사상 유례없는 '배교'가 성행하여 크리스천의 고난의 때가 될 것이다.

"그날에는 기도하고 싶어도 기도할 수 없고, 전도하고 싶어도 전도할 수 없으며, 성경 읽고 싶어도 읽을 수 없고, 말씀을 듣고 싶어도 들을 수 없는 때가 오리니 그날은 고난이 극심하리라 준비하라."(『신비한 체험』 중에서).

분명 극한 상황에 부딪혀 방황하다가 결국 많은 사람이 살기 위해 그리스도를 배척하며 〈짐승의 표〉를 받게 될 것이다. 그날에 모든 경제, 종교, 정치가 하나가 되어 음녀(생명 없는 거짓 교회)에게 복종하고 지배를 받게 될 것이다. 그들은 이마나 오른손에 표를 받고 적그리스도를 하나님처럼 섬기고 짐승의 우상들에게 경배하게 될 것이다. 만일 거역할 때는 죽임을 당하게 되므로 싫어도 어쩔 수 없이 울면서 짐승표를 받게 되는 사람이 많이 생기게 될 것이다. 또한 하나님처럼 능력을 행사하는 악한 무리들이 이적을 행하는 것을 보고 현혹되는 사람도 많게 될 것이다. 그러나 그중에도 순교를 각오하고 짐승표만은 받지 않는 성도가 있겠으나, 지극히 적은 수가 될 것이다.

"그가 권세를 받아 그 짐승의 우상에게 생기를 주어 그 짐승의 우상으로 말하게 하고 또 짐승의 우상에게 경배하지 아니하는 자는 몇이든지 다 죽이게 하더라"(계 13:15).

짐승의 표가 없는 자에게는 모든 것이 통제되어 고통이 절정에 달할 것이므로 이날에는 사탄이 미소를 짓게 될 것이다. 잠깐 후면 적그리스도는 〈666〉 시스템을 실행하여 인을 치기 시작하는데, 혹 '휴거'되지 못한 채 남아 이날을 만나게 된다고 할지라도 당황하지 말고 생명을 버릴 각오로 이 표만은 몸에 표시되지 않도록 해야 한다.

차라리 죽임을 당하는 것이 현명한 처사일 것이다. 잠깐의 생명을 위해 영원한 생명을 잃을 수는 없기 때문이다. 그러므로 오늘에 주어진 사명을 완수하여 주께서 천사의 나팔 소리와 함께 강림하실 때 구름 속으로 휴거되는 축복을 받아야 한다. 그것이 최선의 길이라고 믿는다. 만약 그렇지 못한다 할지라도 인간의 육체는 잠깐이지만 그 후에는 영원한 하나님의 나라에 들어간다는 사실에서 위로를 받아야 한다.

"잠시 잠깐 후면 우리의 본향으로 돌아가리니…"

종말을 예고하는 〈666〉을 장려하는 국제진흥 재단이 태동되고, 만국 부호인 바코드가 이미 상용되고 있음을 직시해야 한다. 『세계 독재자와 666』이라는 저서를 보면 더욱 실감이 나리라 믿는다.

무엇보다도 안타까웠던 것은 1970년대의 666 현상이 어디에서부터 비롯되었는지, 어느 국가 혹은 어느 국제 조직이 주축이 되었는지, 그 책임자가 누구인지, 이에 대한 집단의 본체가 무엇인지 정확하게 밝혀낼 수 없었다는 사실이다. 그러나 하나님은 점진적으로 계시를 보여주셨다. 그동안 우리는 희미한 거울을 들여다보듯이 보아 왔다. 그런데 이제 훨씬 더 분명하게 들여다볼 수 있게 되었다.

〈현상 1〉

1970년부터 숫자와 표가 있는 공장의 모든 제품을 낱낱이 확인해 나갔다. 선 또는 막대로 된 표와 숫자의 그룹을 '바코드'라고 한다. 이것이 오늘의 만국 상품 부호(UPC: 코드 31등)인데, 거대한 컴퓨터 제조업체가 이러한 국면의 중추 역할을 하고 있다.

〈현상 2〉

1973년부터는 각 사람에게 숫자와 함께 신분증이 주어졌다. 현재 사용 중인 사회보장제도 번호가 만국 공통번호와 병용될 때, 그 번호도 바코드로 모습을 바꾸게 될 것이다. 먼저, 이 숫자는 세계적인 신분증에 표시될 것이다. 그다음에는 성경 요한계시록 13장 16절에 기록된 예언대로 각 사람의 이마나 오른손에 표시될 것이다. 모든 상품에 원산지, 가격, 치수 등을 표시하는 바코드가 있듯이, 사람의 신분을 나타내는 바코드를 처음에는 카드 위에, 후에는 사람의 이마와 오른손에 인 치는 것이다. 이러한 일을 진행 시킬 중추적 기관은 정부, 은행, 그리고 각종 카드를 발행하는 회사가 될 것이다.

〈현상 3〉

 유동성이 있는 것이든 없는 것이든 간에 이 세상의 모든 물건을 확인하려고 노력할 것이다.

 걷잡을 수 없는 인플레! 이에 따르는 경제 파탄으로 인해 모든 권위는 상실되고 좌절에 빠진 채 세계는 흥분하며 미쳐가고 있다고 했다. 그래서 탁월한 지도자를 갈구하게 되는 것이다. 심각한 불황을 타개하고 혼란에 빠진 세계정세를 바로 잡을 수 있는 절대적인 권위와 초인적인 능력을 가진 지도자를 갈급하게 찾을 것이다.
 이때 나타난 적그리스도는 거짓 평화 왕으로 둔갑하여 최고의 인기를 얻어 세계의 지배자가 될 것이다. 그래서 얼마간 평화가 있게 되는데, 이것은 잠깐이요, 자신의 본색을 드러내 절대적 복종과 충성을 강요하여 짐승표를 받도록 하게 될 것이다.

> "또 권세를 받아 성도들과 싸워 이기게 되고 각 족속과 백성과 방언과 나라를 다스리는 권세를 받으니 죽임을 당한 어린 양의 생명책에 창세 이후로 이름이 기록되지 못하고 이 땅에 사는 자들은 다 그 짐승에게 경배하리라"(계 13:7-8).

이미 이야기 했지만 전세계는 컴퓨터로 이어져 있다. 현금 없이 사고 팔 수 있는 상거래 제도가 이루어졌다. 또 최후의 날에 있게 될 사건, 즉 이마에 찍힌 마크 광고 사진까지 나왔다.

〈참고〉
「1973년 9월 20일, 시니어 스칼라스틱 매거진 잡지」
「1981년 3월 3일, 팔로우 알토 신문」

　돈 대신 사람의 몸에 〈표〉나 〈숫자〉를 새기는 기발한 아이디어에 현혹된 기업인이나 은행가는 앞을 다투어 새로운 제도에 열을 올리고 있다. 편리한 경제체제 그리고 정치적인 방편으로 비밀히 사용되고 있다. 이 모든 흐름은 사탄이 짜 놓은 각본대로 움직여지고 있다. 그러나 사탄이 제아무리 초능력을 가진 존재라 할지라도 어찌 하나님의 능력과 감히 비교가 되겠는가?
　사탄의 역사 위에 역사하시는 하나님 때문에 분노하신 그리스도의 심판은 필연적인 것이다.

3. 휴거

휴거 때 버려진 교회들은 눈물바다를 이루게 될 것이다.
―――――――――――――――――――

7년 대환란이 있기 전 (홀연히) 공중에서 재림하시는 그리스도를 영접하기 위해 성도들이 들림(휴거)을 받을 것이다. 이 환희는 최고의 기쁨으로 절정에 이를 것이다. 반면 가족과 함께 '휴거'되지 못한 성도들에게는 최고의 슬픔의 날이 될 것이라고 말씀하고 있다.

성도와 교회의 휴거로 언급되어 있는 재림은 마태복음 24장에 기록되어 있다. 휴거의 약속은 제자들의 바람에 새로운 활력소가 되었다. 그들이 절박한 상황 가운데도 용기를 잃지 않았던 것은 휴거의 소망 때문이었다. 그러나 예수 재림 전에 일어날지, 아니면 재림 후에 일어날지는 알지 못했다. 그런데 바울의 가르침과 디모데의 가르침 속에서 의문으로 남았던 신학적인 문제의 해답을 풀 수 있다. 그것은 끔찍한 대환란 전에 일어날 사건이라는 사실에서 성도의 큰 관심이 되고 있다. 무서운 말세 환란기 이전에 휴거의 사건이 있게 되리라는 예언은 복되고 기쁜 소식이 아닐 수 없다.

"우리가 예수께서 죽으셨다가 다시 살아나심을 믿을진대 이와 같이 예수 안에서 자는 자들도 하나님이 그와 함께 데리고 오시리라"(살전

4:14).

산 자와 죽은 자들을 위해 그리스도께서 강림하신다는 말씀은 확실하다.

"이를 놀랍게 여기지 말라 무덤 속에 있는 자가 다 그의 음성을 들을 때가 오나니 선한 일을 행한 자는 생명의 부활로, 악한 일을 행한 자는 심판의 부활로 나오리라"(요 5:28-29).

"그리스도 안에서 죽은 자들이 먼저 일어나고…"(살전 4:16).

"그 후에 우리 살아 남은 자들도 그들과 함께 구름 속으로 끌어 올려 공중에서 주를 영접하게 하시리니 그리하여 우리가 항상 주와 함께 있으리라"(살전 4:17).

먼저 잠자던(죽은) 성도가 일어나 주님의 뒤를 따르리라고 했다. 성도가 죽으면 영혼은 하늘 세계로 올라간다. 그래서 이런 성도(영혼)들을 데리고 하늘에서 강림하시게 되므로 무덤에 묻혀 망가진 육신이 신비하게 일어나 하늘에서 내려온 영혼과 신비한 결합이 이루어진다.

"우리가 주의 말씀으로 너희에게 이것을 말하노니 주께서 강림하실 때까지 우리 살아 남아 있는 자도 자는 자보다 결코 앞서지 못하리라 주께서 호령과 천사장의 소리와 하나님의 나팔 소리로 친히 하늘로부터 강림하시리니 그리스도 안에서 죽은 자들이 먼저 일어나고 그 후에 우리 살아 남은 자들도 그들과 함께 구름 속으로 끌어 올려 공중에서 주를 영접하게 하시리니 그리하여 우리가 항상 주와 함께 있으리라"(살전 4:15-17).

이날에는 미가엘 천사장이 마지막 나팔소리를 울릴 것인데, 이것은 하늘나라로 들어가자는 신호가 될 것이다. 이때 진실한 성도들은 이 소리를 들음과 동시에 희한한 힘에 끌려 구름 속으로 들려질 것이고, 거기에서 강림하신 그리스도를 영접하게 될 것이다. 환상 중에 희미하게 보았던 주님, 그리고 그리던 주님을 처음으로 분명하게 보게 될 것이다. 주님과의 극적인 상면은 너무나 벅찬 환희가 될 것이다. 그리고 죽어서 헤어졌던 가족과 성도들의 감격적인 재회가 있게 될 것이다. 서로 떨어져 아쉬워했던 그리운 얼굴들을 다시 상봉하게 되는 그 순간의 기쁨을 한번 상상해 보라. 손에 손을 마주 잡고 기뻐 뛰게 되리라. 더욱이 다시는 헤어지지 않는다는 사실 앞에 기쁨은 더욱 고조될 것이라 생각된다. 영원히 주님과 함께 거한다는 사실로 더욱 뿌듯한 심정일 것이다. 이 놀라운 약속의 말씀이 있기에 바울은 데살로니가 형제들에게 "그러므로 이러한 말로 서로 위로하라"(살전 4:18)고 격려했으리라 생각된다. 사랑하는 사람들과 떨어져 있는 시간은 짧고 다시 만나면 영원한 약속에서 위로를 받으리라는 바울의 외침은 참으로 큰 소망이 된다.

그리스도의 부활은 우리의 몸이 죽은 자 가운데서 살아나리라는 진정

한 예표가 된다. 그러므로 무덤에서 썩을 수밖에 없는 성도의 육신이 거룩한 몸으로 변화 받게 될 것이다. 인간은 탄생, 중생, 죽음, 부활이라는 과정이 있어야 한다. 그런데 하나님이 믿는 자들에게 허용하신 최대의 축복이 있다.

"보라 내가 너희에게 비밀을 말하노니 우리가 다 잠잘 것이 아니요 마지막 나팔에 순식간에 홀연히 다 변화되리니 나팔 소리가 나매 죽은 자들이 썩지 아니할 것으로 다시 살아나고 우리도 변화되리라"(고전 15:51-52).

주께서 강림하실 때 죽지 않고 살아 주를 영접할 수 있는 특권을 부여받은 휴거될 성도가 있다고 했다. 따라서 지금의 시대를 사는 성도의 소망은 구원받기만을 기다리기 전에 휴거 되기를 기대하는 것이어야 하리라 믿는다.

만약 당신이 휴거의 축복 속에 속한다면 가장 복된 삶을 살고 있다고 말할 수 있을 것이다. 그러면 당신 몸에 극적인 변화가 일어나 거룩한 몸이 되어 거룩하신 주님 앞에 서게 될 것이다.

휴거는 대환란 사건 이전에 일어난다. 말세의 환란이 지구를 휩쓸기 전에 휴거가 있게 된다. 교회가 하늘로 옮겨지는 사건과 성도들이 구름 속으로 사라지는 사건은 세계 사람을 경악하게 할 것이다.

휴거 직후에 세계에 야곱의 환란 시기가 덮쳐오게 되며, 아마겟돈 전쟁으로 세계가 불타며 휴거되지 못한 유대인과 성도들이 극한 박해 속에 순교하거나 배교하는 사건이 잇달아 일어나게 될 것이며, 이에 분노하신 그리스도의 대심판이 시작되어 악의 세력은 무너지고 그리스도의 지상 「천년 통치」 시대가 전개될 것이다. 공의의 나라가 건설되어 인간은 정상적인 생활로 복을 누리게 될 것이며, 휴거시 부활했던 성도들은 지상 천년 통치 시대에 주님과 함께 왕 노릇하는 특권을 누리게 될 것이다. 그러나 이런 은총 안에 머물 수 없는 성도와 비기독교인을 생각해 보라.

> "그 때에 두 사람이 밭에 있으매 한 사람은 데려가고 한 사람은 버려둠을 당할 것이요 두 여자가 맷돌질을 하고 있으매 한 사람은 데려가고 한 사람은 버려둠을 당할 것이니라"(마 24:40-41).

> "그러므로 깨어 있으라 어느 날에 너희 주가 임할는지 너희가 알지 못함이니라 … 이러므로 너희도 준비하고 있으라 생각하지 않은 때에 인자가 오리라"(마 24:42, 44).

> "볼지어다 그가 구름을 타고 오시리라 각 사람의 눈이 그를 보겠고 그를 찌른 자들도 볼 것이요 땅에 있는 모든 족속이 그로 말미암아 애곡하리니…"(계 1:7).

> "…주께서 강림하신다는 약속이 어디 있느냐 조상들이 잔 후로부터 만물이 처음 창조될 때와 같이 그냥 있다 하니 … 그러나 주의 날이

도둑 같이 오리니"(벧후 3:4, 10).

이처럼 말씀하고 있다. 지혜 있는 자는 지금 이 시대가 어떤 시대인가를 알고 준비하고 있으리라고 믿는다. 현실을 직시해야 한다. 윈스턴 처칠은 "여러분이 알다시피 본인은 언제나 사전 예측을 하지 않는 사람이다."라고 했다. 그러나 사전 예측을 하지 않으며, 슬피 울며 이를 갈게 될 후회의 날이 된다는 사실만은 분명하고 확실하다는 사실을 생각해 본 적이 있는가? 선지자의 예언대로 모든 것이 시작되고 있다. 하나님으로부터 직접 받은 영감으로 쓰인 예언서 그대로 틀림없이 완전하게 이루어질 것이다. 지금 이 예언들이 이뤄지고 있는 시대라는 사실이 중요하다.

필자는 성령의 말씀을 믿기에 자신 있게 말하고 있다. 그리고 외치지 않을 수 없는 사명을 받았기에 담대하게 말하고 있다. 나는 예언사도 선지자도 아닌 평범한 한 인간일 따름이다. 그런데 하나님은 내게 계시를 주셨다. 그래서 이 책을 쓰게 된 것이다. 나는 내가 원하지 않는 길이라고 거부할 수 없어 하나님께 순응하기로 한 것이다. 내 자신만을 지키고 있기엔 이 시대가 너무 위급함에 처해 있기 때문이다. 종말은 가까이 왔다. 대환란의 문은 열리고 있다.

우리는 지금 역사상 마지막 위험의 순간에 와 있다. 이 말을 믿어주길 부탁드리고 싶은 마음뿐이다. 때가 너무 급한 시대에 살고 있다. 그렇지 않으면 나같이 작은 인간에게 하나님이 앞으로 되어질 계시를 펼쳐 보여주실 리 없지 않은가? 내 입술을 통해 굳이 예언의 소리가 터져 나오도록 하실 리가 없지 않은가?

"회개하라, 천국이 가까이 왔느니라. … 물과 성령으로 거듭난 자들은 들림을 받을 것이요, 그렇지 못한 자는 대환란을 피하지 못하리니 극심하리라. … 때가 급하구나. 너로 이 사실을 알게 할지니 너는 네가 보고 들은 그대로 외칠 것이라. 네 예언대로 이루어지리니 지체하지 않으리라."(「신비한 체험」 중에서).

휴거 되는 성도가 되기 위해 맡은 바 사명에 충성을 다하는 성도가 되어야 할 것을 부탁드리고 싶다. 어느 날 갑자기 눈 깜짝할 사이에 일어나게 될 휴거 사건 때 은총 입은 성도가 되기 위해서 기도해야 된다. 눈 깜짝할 사이의 정의를 '1초의 수분의 1이나 되는 순간적인 행동'이라고 말하고 있다.

하나님만 하실 수 있는 희한한 권능으로 일어날 휴거의 주인공들이 되기 위해 하나님 앞에서 최선을 다하다가 휴거 되는 축복을 받는 여러분이 되길 기원한다. 그러나 이것을 농담으로 여기고 안일한 생활을 하게 되면 휴거 때 들려오는 나팔 소리를 듣지 못하고, 대환란 시에 어마어마한 고통을 피하지 못하게 될 것이라는 사실을 새겨 두어야 한다.

휴거는 어떤 성도에게는 기쁜 소식이지만 전혀 그렇지 않은 성도도 있다. 말씀을 듣고 준비했던 교회는 텅텅 비어 있을 것이요, 그렇지 못한 교회는 버려진 채 눈물바다를 이루게 될 것이며, 목사나 지도자들은 휴거 되지 못한 성도들로부터 원망의 소리를 듣게 될 것이다.

"왜 우리에게 휴거를 가르치지 않았습니까? 이 책임을 당신이 져야 하지 않겠습니까? 이제 우리는 장차 어찌해야 되는 것입니까? 왜 대답하지 못하십니까? 이제 우리는 꼼짝없이 죽게 되었습니다." 이렇게 책임을 남에게 전가시키려는 많은 성도가 목사를 힐난하며 원망과 함께 통곡하는 일들이 빚어질 것이다. 그들의 불안, 공포대로 무서운 대환란에 들어가게 된다. 그리스도께서 복된 교회의 신실한 성도들에게 하신 말씀대로 그 은혜 안에 들어가지 못한다면 그것은 전적으로 당신의 책임이 아닐까?

> "네가 나의 인내의 말씀을 지켰은즉 내가 또한 너를 지켜 시험의 때(대환란)를 면하게 하리니 이는 장차 온 세상에 임하여 땅에 거하는 자들을 시험할 때라"(계 3:10).

분명 대환란을 면하게 해 주시겠다는 약속들이 있지 않은가? 그리스 원어로 "면하게 하리니"는 '~밖으로'라는 뜻이다. 성도는 대환란으로부터 면제된다는 약속의 말씀을 분명히 해 주셨다.

PART 6

대환란

예언의 〈붉은 말〉은 곧 러시아(구 소련)를 가리키는 말이다.

대환란

휴거 사건이 끝나면 무시무시한 대환란이 전 세계적으로 시작되어 7년간 계속될 것이다. 성경은 이스라엘과 그들의 원수 사이에 〈이레(7년)〉 동안에 평화 협정이 맺어질 것을 예언하고 있다. 그 기간 중 가짜 평화 왕 적그리스도가 유대인의 성전에 앉아 하나님처럼 영광을 받으려 함으로 조약이 깨어지고 심한 박해와 고통 속에 죽음을 맛보게 될 것이다. 이 환란은 세계역사상 전무후무한 대재난이 될 것임을 예고하고 있다.

"이는 그 때에 큰 환난이 있겠음이라 창세로부터 지금까지 이런 환난이 없었고 후에도 없으리라"(마 24:21).

"그 날들을 감하지 아니하면 모든 육체가 구원을 얻지 못할 것이나 그러나 택하신 자들을 위하여 그 날들을 감하시리라"(마 24:22).

1. 야곱의 환란 시기

세계적인 대환란은 야곱의 환란 시기와 관련이 되어 있지만 이것만을 의미하는 것이 아니라, 전 세계에 큰 충격을 가져다줄 대변혁을 의미하는 것이다.

성경은 이 환란기가 이스라엘 민족의 복귀와 관련되어 있음을 보여주고 있다. 할핀 제이씨가 쓴 『대예언 1988』에 기록된 것을 보면, 첫째, 세계의 모든 국가는 이스라엘의 재건과 때를 같이하여 네 개의 정치 세력권으로 분할되며 새로운 이스라엘 국가와 절대적 연관성을 갖는다. 둘째, 이들 세력권은 신생 이스라엘을 침략함으로써 야기되는 이른바 세계 종말에 앞서 빚어지는 악과 선 간의 최후의 대결전인 아마겟돈 전쟁에서 중요한 역할을 할 것이다.

또한 이 세력들은 이스라엘을 공격한 죄과로 예수 그리스도라는 유대의 구세주가 몸소 재림할 때 그의 심판을 받아 멸망할 것이다. 이 모든 일은 7년간의 카운트다운 기간 동안에 뒤엉켜 일어난다고 했다. 진정 이스라엘이 신화같이 옛 고향 땅으로 재집결한 역사적 사실을 볼 때 의미심장한 말이 아닐 수 없다.

"여호와의 말씀이니라 보라 내가 내 백성 이스라엘과 유다의 포로를 돌아가게 할 날이 오리니 내가 그들을 그 조상들에게 준 땅으로 돌아오게 할 것이니 그들이 그 땅을 차지하리라 여호와께서 말씀하시니라"(렘 30:3).

이 일이 있은 후에 일어날 징조에 대하여 한 말씀에 주목해야 한다. 예레미야 30장 7절을 보면 "슬프다 그 날이여 그와 같이 엄청난 날이 없으리라 그 날은 야곱의 환난의 때가 됨이로다 그러나 그가 환난에서 구하여 냄을 얻으리로다"라고 했고, 또 다니엘 12장 1-2절에 "그 때에 네 민족을 호위하는 큰 군주 미가엘이 일어날 것이요 또 환난이 있으리니 이는 개국 이래로 그 때까지 없던 환난일 것이며 그 때에 네 백성 중 책에 기록된 모든 자가 구원을 받을 것이라 땅의 티끌 가운데에서 자는 자 중에서 많은 사람이 깨어나 영생을 받는 자도 있겠고 수치를 당하여서 영원히 부끄러움을 당할 자도 있을 것이며"라고 했다.

이 모든 말씀을 종합해 볼 때 이스라엘의 회복이 곧 환난 초기에 들어가는 증거가 됨을 알 수 있고, 또한 환란기는 재림 직전에 일어나게 된다는 것을 알 수 있다.

약 3년 6개월 동안 계속되는 이 환란기는 지금까지 없었던 아주 극심한 것이 될 것이다. 이레의 절반으로 묘사되어 있는 다니엘 9장 27절은 다른 예언들과도 들어맞는다. 요한계시록 12장 6절에서는 그 시기를 42개월로 말하고 있다(계 11:2, 13:5 참조).

이 시기의 기간이 비록 짧더라도 대환란기의 3년 6개월에는 세계가 이전에 경험해 보지 못한 가장 무서운 대변혁과 파괴가 있을 것이다. 구약의 다른 대부분의 말씀은 다니엘 7장 7-8절과 같이 부가적인 묘사를 하고 있으며, 그에 대한 설명은 다니엘 7장 19-27절에 기록되어 있다.

성서에 의하면 대환란기 다음에 회복기가 계속된다(욜 2:1-11, 습 1:14-18, 슥 13:8).

대체적으로 구약은 세계 역사상 유례없는 이러한 환란의 시기를 명확하게 증거하고 있다. 현재 세계가 직면하고 있는 문제는 단지 시초에 불과하며 앞으로 다가올 이러한 대환란기를 위해 무대를 세우고 있는 것이다.

그러나 초창기 전 3년 반 동안은 평화가 실현되고 지상천국이 이루어지는 것처럼 보이게 될 것이다. 적그리스도는 이스라엘에 평화를 가져다주고 이스라엘을 보호한다는 약속과 더불어 약속을 이행하여 세계의 관심을 끌 것이다. 신화의 나라 이스라엘은 전 세계에서 가장 부강국이 되어 상업과 문화의 중심도시로서 세계의 주목을 끌게 될 것이다. 분명 가장 좋은 도시로 인정받고 세계의 유행과 세계 문명의 중심지가 될 것이다. 그래서 예루살렘은 꿈의 도시, 지상 낙원이 이뤄지는 낭만의 도시가 되어 유럽 연방체로 알려진 10개국의 후원을 얻어 세계 지도자 밑에서 평화의 기쁨을 누리게 될 것이다.

그러나 이런 시기는 잠깐이며, 요한계시록 4장, 5장에 기록된 대로 일곱인 공포 기간이 시작되는데, 사도 요한을 통해 미래에 닥쳐올 일곱인, 일곱나팔, 일곱대접의 재난에 대해 계시하신 것(계 5:1)을 읽어보면 소름이 끼칠 것이다.

2. 〈전 3년 반〉

(1) 첫째 인의 심판 — 사탄 정부 출현 (거짓 평화의 왕)

"내가 보매 어린 양이 일곱 인 중의 하나를 떼시는데 그 때에 … 내가 보니 흰 말이 있는데 그 탄 자가 활을 가졌고 면류관을 받고 나아가서 이기고 또 이기려고 하더라"(계 6:1-2).

환희(휴거) 직후에 평화 운동이 일어나 전쟁을 싫어하여 거짓 평화 왕 적그리스도는 높이 존경을 받고, 막강한 힘을 이용하여 유럽 연방체를 손아귀에 넣고 잠시 평화를 누리며 살 것이다. 그러나 이 순간은 너무 짧고 허무한 꿈에 불과한 것이 되고 만다.

둘째 인을 떼실 때 이스라엘 협정이 파괴되고 〈큰 칼〉 등으로 말미암아 세계 3차 대전이 발발할 것이다(계 6:4).

(2) 둘째 인의 심판 — 전쟁 (붉은 말을 탄 자)

"…둘째 인을 떼실 때에 … 이에 붉은 다른 말이 나오더라 그 탄 자가 허락을 받아 땅에서 화평을 제하여 버리며 서로 죽이게 하고 또 큰 칼을 받았더라"(계 6:3-4).

이날에 역사상 유례없는 대전쟁의 참상을 보게 될 것이다. 다니엘 2장을 보면 바벨론의 느부갓네살 왕이 꿈속에서 큰 우상을 보고 그 나라 박사와 술객들을 불러 꿈을 해몽하도록 했으나 풀지 못한 이 희한한 꿈을 다니엘이 해석했다. 그것은 종말과 관련된다.

"오직 은밀한 것을 나타내실 이는 하늘에 계신 하나님이시라 그가 느부갓네살 왕에게 후일에 될 일을 알게 하셨나이다"(단 2:28).

금으로 된 머리, 은으로 된 가슴과 팔, 놋으로 된 배와 넓적다리, 철로 된 종아리, 이 신상의 꿈은 곧 마지막 시대의 될 일을 보게 하신 것인데, 이 4개의 금속은 곧 큰 제국을 의미하는 것으로, 첫 번째 세계 제국은 금의 머리를 가진 제국인데 이것은 느부갓네살 왕이 다스리는 신바벨론 제국이다. 이 바벨론 제국이 유대인을 통치하는 처음 제국이었다.

두 번째 세계 제국은 은의 가슴과 팔을 가진 것으로 나타났는데, 이 제국이 메대와 바사 연합 제국이다. 메대 국과 바사 국이 연합하여 두 번째의 큰 세계 제국을 이루었으며, 바벨론을 정복함으로써 이스라엘 통치권이 메대와 바사 국으로 넘어갔다.

세 번째 세계 제국은 알렉산더 희랍 제국이 메대와 바사국을 정복하여 결국 이스라엘의 통치권은 희랍 제국으로 넘어갔다.

네 번째 세계 제국은 철과 같이 강한 나라 로마 제국이 세계를 정복하여 희랍 제국에서 이스라엘 통치권이 로마 제국으로 넘어갔다. 그러나 완전한 철이 아닌 얼마는 철이요, 얼마는 흙인 이 로마 제국도 꿈이 보여준 것처럼 흙의 성질 그대로 힘없이 무너졌다. 철처럼 강하게 보였던 로마 제국도 분열로 인해 멸망하고 말았다. 그런데 문제는 열 개의 발가락이다. 이 열 개 발가락의 상징은 10개 나라의 권력을 상징하는 것인데, 이것이 곧 10개국 연방체이다.

일찍이 로마 제국은 철처럼 강한 제국이었다. 그러나 제아무리 철처럼 막강한 제국이라도 열 개로 나뉜다면 세력은 약해지게 마련이다. 때문에 세계에서 제일 강한 로마 제국도 분열로 인해 몰락하게 되었다.

앞으로는 일찍이 로마 제국에 속했던 10개국의 권한이 가짜 평화 왕의 출현과 함께 적그리스도에게 넘어가게 될 것이다. 앞으로 로마 제국에 속했던 10개국이 한 사람에게 그 권한을 위임하려는 자발적 협의를 이룰 때가 중요한 시기일 것이다. 그것은 곧 위협적인 존재로 등장하게 되는 중요한 사실이기 때문이라고 역설했다. 적그리스도 출현에 대해서는 앞 장에서 이미 서술했으므로 약하려 한다.

이제 문제가 되는 것은 이 10개국을 결성케 하는 절대적 힘을 과시한 소련(러시아)에 대해서 주목해야 한다는 점이다. 이는 무신론자이며 공산주의자인 러시아의 강력한 힘을 무시할 수 없기 때문이다. 이 무서운 러시아의 막강한 권한에 의해 북대서양 조약기구(NATO)와 유럽 공동 시장이 결성되었다.

〈붉은 말〉, 이는 공산주의 러시아를 가리키는 말이라고 생각된다. 약 2천 5백 년 전의 다니엘의 예언을 보면, 거룩한 성도를 두 번째 파괴하려는 한 왕자가 나올 것이라 했다(단 9:27).

> "이에 붉은 다른 말이 나오더라 그 탄 자가 허락을 받아 땅에서 화평을 제하여 버리며 서로 죽이게 하고 또 큰 칼을 받았더라"(계 6:4).

〈큰 칼〉은 핵무기나 다른 여러 무기들을 가리키는 말씀일 것이다. 이 큰 칼로 말미암아 세계는 피비린내 나는 세계대전이 발발하게 되는데, 이 일은 예수 재림 직전에 있게 될 것이다. 세계는 화평이 깨어지고 서로 죽이고 죽는 살육전이 벌어지게 될 것이라는 예언대로 진정 세계는 파멸의 위기에 직면해 있다. 세계는 가증한 사건의 연속에서 멸망하게 될 것이다.

존 F. 케네디는 이렇게 외쳤다. "인류는 전쟁을 종식시켜야 한다. 그렇지 않으면 전쟁이 인류를 종식시킬 것이다." 또 알버트 아인슈타인은 "현대 과학으로는 문명을 파괴하는 무기를 제어할 수 있는 방법이 없다."라고 역설했다. 또 세계적인 과학상 수상자들이 한데 모여 채택한 결의문을 주시해 보라.

"인류는 이제 파국 일보 직전에 직면해 있습니다. 이제 우리는 인류를 패망으로 이끌 것인가, 아니면 전쟁을 포기할 것인가 양자택일의 기로에 선 것입니다. 우리는 이 문제에 대해 전 세계 인류를 향해 인간 대 인간으로서 호소하는 바입니다. 여러분의 심장에 흐르고 있는 인도주의

적 정신을 항상 잊지 마시기 바랍니다. 그 이외의 생각은 모두 잊으십시오. 여러분이 그렇게만 할 수 있다면 새로운 천국이 열리겠지만, 만약 그럴 수 없다면 여러분의 앞날에는 전 인류의 몸살이라는 일대 재난이 가로놓이게 될 것입니다."

그러나 이러한 결의안 발표에도 불구하고 전쟁은 없어지지 아니하고 오히려 더 치열해지고 있다. 현대사의 갈 길은 역시 암담할 뿐이다. 세계 전쟁은 피할 수 없다는 것이 현대의 흐름이다. 머지않아 눈 뜨고 볼 수 없는 인류 역사상 유례없는 참혹한 전쟁이 일어날 것이기 때문에 예수 재림은 불가피한 것이다.

(3) 셋째 인의 심판 — 기근 (검은 말을 탄 자)

"셋째 인을 떼실 때에 … 내가 보니 검은 말이 나오는데 그 탄 자가 손에 저울을 가졌더라"(계 6:5).

예수 당시의 하루 품삯은 고대 로마 은화로 한 데나리온이었다. 이 한 데나리온으로 양식을 사면 일주일은 충분히 살 수 있었다. 그러나 대환란 기간 중에는 하루 품삯으로 단지 하루분의 양식을 구하게 되는데, 그것도 겨우 먹고살 수 있을 정도로 극히 적은 양식을 얻을 수 있다고 했다(계 6:5-6). 이것은 곧 기근 때문이다. 이것마저도 얻지 못하여 굶어 죽는 사망자의 수는 거의 헤아릴 수 없게 될 것이다. 성경은 〈무기(전쟁)와 기근〉으로 인해 세계 인구의 4분의 1 즉 10억 이상이 죽임을 당할 것이라 했다.

대환란 〈전 3년 반〉 동안 기근이 온 지구를 덮쳐 극에 달하는 몸서리치는 고통의 때를 한번 상상이나 해 보았는지 모르겠다. 힘 있는 자와 젊은이들은 전쟁터로 끌려가고 나약한 여자들도 위안대로 붙들려 가며, 힘없는 노인들만 남아 겨우겨우 농사를 짓게 될 것인데, 그 곡식마저도 싸움하는 군사들이 약탈해 가게 될 것이므로 극심한 기근은 뻔한 일이 될 것이다.

"그 날에는 먹고 싶어도 먹을 양식이 없어 자동 단식하게 될 터이니 극심하리라. 너는 40일 금식한 후 이 사실을 사람들로 알게 하여 그날로부터 보호받도록 하여라."(「신비한 체험」 중에서).

(4) 넷째 인의 심판 — 사망 (청황색 말을 탄 자)

"넷째 인을 떼실 때에 … 청황색 말이 나오는데 … 검과 흉년과 사망과 땅의 짐승들로써 죽이더라"(계 6:7-8).

넷째 인은 사망을 의미하는데, 환란기 〈전 3년 반〉 동안 세계적인 고통이 절정에 이르게 될 것이다. 전쟁과 기근으로 인하여 사나워진 짐승들 때문에 그리고 주림 때문에 죽은 자들의 수가 헤아릴 수 없이 속출할 것이라고 했으니, 이날의 슬픔은 세계에서 유례없는 가장 비참한 것이 될 것이다.

"땅의 사분의 일이 사망을 맛보리라"는 내용이 요한계시록 6장 8절에 기록되어 있다.

세계 인구의 수를 의미하는 것이 아닌 지구 온 땅의 사분의 일이라는 숫자이기 때문에 엄청난 환란의 날이 있음을 알아야 한다. 이는 현재 인구 수로 따져 본다 해도 약 17억 5천만이 넘는 것인데, 그날의 참상은 눈 뜨고 볼 수 없는 끔찍한 사망의 날이 될 것이다.

(5) 다섯째 인의 심판 — 박해 (제단 아래 순교자의 피)

"다섯째 인을 떼실 때에 내가 보니 하나님의 말씀과 그들이 가진 증거로 말미암아 죽임을 당한 영혼들이 제단 아래에 있어"(계 6:9).

환란 기간 중 가장 참혹한 것은 그리스도인의 대량 학살이다. 비록 휴거는 되지 못했을지라도 늦게라도 깨닫고 하나님의 말씀대로 사는 성도와 유대인들은 3년 반 동안 심한 박해의 시기가 된다고 했으니, 이때가 유례없는 최고 환란기가 될 것이다.

시기 500년에서 1500년 사이에도 수많은 그리스도인이 갖은 박해 속에서 갖가지 방법으로 처형되었다는 사실을 역사에서 알 수 있다. 톱으로 잘라 죽이기도 하고, 십자가에 달아 죽이기도 하고, 기름을 발라 등불로 사용하기도 하는 등 잔인한 방법으로 순교의 피를 흘렸다. 때로는 사자 밥이 되기도 하고 목을 잘라 죽이기도 했다.

그러나 그것은 환란에 비하면 시작에 불과한 것이다. 훨씬 더 잔인한 방법으로 믿는 자들은 죽임을 당할 것이라고 했으니(계 6:9-11), 진정 생각만 해도 몸서리쳐지는 일이 아닐 수 없다. 그러므로 그런 극한 대환란을 만나기 전에 휴거되는 성도가 되는 것이 중요한 것이다.

(6) 여섯째 인의 심판 — 파괴 (생태적인 변화)

> "내가 보니 여섯째 인을 떼실 때에 큰 지진이 나며 해가 검은 털로 짠 상복 같이 검어지고 달은 온통 피 같이 되며 하늘의 별들이… 땅에 떨어지며, 하늘은 두루마리가 말리는 것 같이 떠나가고 각 산과 섬이 제자리에서 옮겨지매 땅의 임금들과 왕족들과 장군들과 부자들과 강한 자들과 모든 종과 자유인이 굴과 산들의 바위 틈에 숨어 산들과 바위에게 말하되… 우리를 가리라… 누가 능히 서리요 하더라 (계 6:12-17).

여섯째 인의 심판하는 날에는 천지의 큰 변화가 있을 것이다. 수많은 별이 나뭇잎 떨어지듯 땅에 떨어질 것이며, 하늘이 가벼운 종이 말린 것 같이 떠나가고, 태양은 칠흑같이 캄캄해지고 달은 핏빛으로 물들 것이며, 어마어마한 지진으로 바다가 육지가 되고 육지가 바다가 되며, 산이 옮겨지는 대이변 속에서 사람의 생명이 파리 목숨처럼 힘없이 죽어가는 그 날에야 비로소 깨닫는 세상 왕들과 권력자들과 돈 많은 자들, 부귀영화 누리던 강자들이 두려워 떨면서 산이나 바위나 동굴에 의지하여 도망하며 "산아, 바위야, 동굴아, 나를 가리라. 차라리 나에게 죽음을 달라."고 외치는 비통의 날이 될 것이다.

어린 양 예수 그리스도가 진노하는 그 날의 심판은 지구 대변혁의 날이 될 것인데, 지구의 3분의 1이 피로 변하고, 거기에 살아있는 생물의 3분의 1이 죽을 것이라 했다.

또 사탄을 따르던 어둠의 자식들은 전갈에 물린 것 같은 극심한 고통에 몸부림치며 아우성치는 소리가 하늘을 찌르게 될 것이다. 살육과 파괴, 전쟁으로 세계의 인구 절반 이상이 이날에 사망하게 된다고 예언하고 있다. 이것이 세계 전쟁을 고하는 제3차 대전 그리고 아마겟돈 전쟁 시기가 될 것이다.

(7) 일곱째 인의 심판 ― 침묵

> 어린 양(그리스도)이 "일곱째 인을 떼실 때에 하늘이 반 시간쯤 고요하더니"(계 8:1).

일곱째 인의 심판이 쏟아지기 전 잠깐 침묵이 있다. 환란 기간 중 구원받은 유대인 가운데 14만 4천이 있게 되는데, 이들은 〈인 맞은〉 자들로서 특별한 하나님의 보호를 받고 환란 기간 중에도 유일하게 복음을 전파하는 능력의 종들인데, 침묵의 원인은 이스라엘 자손 각 지파 1만 2천 명 모두 14만 4천 명이 인침받는 시기이기 때문이다.

> "또 보매 다른 천사가 살아 계신 하나님의 인을 가지고 해 돋는 데로부터 올라와서 땅과 바다를 해롭게 할 권세를 받은 네 천사를 향하여 큰 소리로 외쳐 이르되 우리가 우리 하나님의 종들의 이마에 인 치기까지 땅이나 바다나 나무들을 해하지 말라 하더라"(계 7:2-3).

14만 4천 명 모두 택함받은 성도들이다. 그러나 이 숫자의 해석을 꼭 14만 4천 명만이 인침을 받는다고 말할 수 없는 신비한 숫자일 수도 있으므로 분명하게 말할 수 없다고 생각한다. 아무튼 이스라엘 각 지파의 인 맞은 자들을 하나님은 초자연적으로 그들을 지키시며 이들을 통해서 이방의 많은 사람을 구원하게 될 것이다.

> "내가 인침을 받은 자의 수를 들으니 이스라엘 자손의 각 지파 중에서 인침을 받은 자들이 십사만 사천이니"(계 7:4).

일곱째 인의 심판으로 〈전 3년 반〉이 끝나고, 〈후 3년 반〉이 시작되는데, 〈전 3년 반〉은 〈후 3년 반〉에 비하면 아주 조용하고 평화스러운 편이라는 사실 앞에 전율케 된다.

이스라엘에 있어서 〈전 3년 반〉은 10개국의 협조로 평화가 유지된 것 같고, 예루살렘이 세계 문화와 유행의 중심지로서 영광을 얻는 것 같으나, 환란을 만나게 되고 더욱 심한 환란기가 되는 〈후 3년 반〉은 인류사상 최대의 환란 시기가 될 것이라 했으니, 실로 가공할 만한 일이 아닐 수 없다.

3. 〈후 3년 반〉

하나님의 보내심을 받아 이 땅에 육신의 몸을 입고 오신 예수는 영접하지 아니하고, 자기 이름으로 온 사탄을 영접하게 될 이스라엘 민족 스스로 초래한 환란 시기는 극과 극에 달하는 눈 뜨고 볼 수 없는 고난의 때가 될 것이다.

"그 권세가 강할 것이나 자기의 힘으로 말미암은 것이 아니며, 그가 장차 놀랍게 파괴 행위를 하고 자의로 행하여 형통하며 강한 자들과 거룩한 백성을 멸하리라"(단 8:24).

"그러므로 하늘과 그 가운데에 거하는 자들은 즐거워하라 그러나 땅과 바다는 화 있을진저 이는 마귀가 자기의 때가 얼마 남지 않은 줄을 알므로 크게 분내어 너희에게 내려갔음이라 하더라"(계 12:12).

"너 아침의 아들 계명성이여 어찌 그리 하늘에서 떨어졌으며 너 열국을 엎은 자여 어찌 그리 땅에 찍혔는고 네가 네 마음에 이르기를 내가 하늘에 올라 하나님의 뭇 별 위에 내 자리를 높이리라 내가 북극 집회의 산 위에 앉으리라 가장 높은 구름에 올라가 지극히 높은 이와 같아지리라 하는도다"(사 14:12-14).

환란 〈전 3년 반〉 초기부터 사탄은 하나님을 모방하여 평화의 왕으로 군림, 세상 권좌를 한 손에 쥐고 이스라엘을 농락했던 자였으므로, 계속 자신의 신분을 감추고 위장하여 하나님께 예배드리기 위해 세우려는 성전 건축을 후원하고, 재건된 성전에 군림하여 하나님께 드리는 예배를 대신 받으려 하게 될 것이다.

> "나는 내 아버지의 이름으로 왔으매 너희가 영접하지 아니하나 만일 다른 사람이 자기 이름으로 오면 영접하리라"(요 5:43).

이 예언대로 성취되는데 안타까운 일이 아닐 수 없다. 하나님의 사랑은 이런 이스라엘을 버리지 않으시고 구원하실 계획을 갖고 계시니, 하나님의 사랑은 이스라엘 민족에 대한 특별한 은총인 것 같다.

> "슬프다 그날이여 그와 같이 엄청난 날이 없으리라 그날은 야곱의 환난의 때가 됨이로다 그러나 그가 환난에서 구하여 냄을 얻으리로다"(렘 30:7).

이스라엘 민족의 염원은 옛 약속의 땅에 돌아가는 것이었고, 동시에 예루살렘을 성지로 만드는 것이었다. 예루살렘은 열일곱 번 파괴되었으나 예언대로 다시 복귀되고 있는 것을 역사가 증명하고 있다.
 이 일 나나 놀라운 예언들인가?
 그런데 문제는 이스라엘 민족이 적그리스도를 구세주로 믿고 경배하는 데 있다. 이 때문에 하나님은 이스라엘 민족에게 러시아의 침략(3차 대전)을 받게 하여 또다시 고향에서 쫓겨나게 하고, 남은 자의 3분의 2가 죽임을 당하는 대참극의 역사가 전개될 것이라 했다.

"여호와가 말하노라 이 온 땅에서 삼분의 이는 멸망하고 삼분의 일은 거기 남으리니, 내가 그 삼분의 일을 불 가운데에 던져 은 같이 연단하며 금 같이 시험할 것이라"(슥 13:8-9).

이날의 재난은 정말 무시무시한 것이라고 생각된다. 하나님의 은총을 깨닫지 못하는 죄가 얼마나 비참한 결과를 낳게 했는지 경종이 되게 하는 말씀인 것 같다.

하나님의 사랑을 거절해 온 대부분의 유대인에게 하나님의 공의가 나타난 것은 당연한 일이다. 환란 중에서 살아남은 자는 거의 없다. 일곱 나팔에 의해 닥칠 대환란은 어떤 말로도 그 참상을 표현할 수 없을 것 같다. 피 섞인 우박과 불이 하늘에서 땅으로 소나기처럼 쏟아질 것이요, 식물의 3분의 1, 그리고 각종 푸른 풀과 농작물 등이 불에 타 재가 된다고 했다(계 8:7). 큰 산과 같은 불이 바다 가운데로 떨어져 생명을 가진 바다의 모든 피조물의 3분의 1이 죽을 것이며, 이와 때를 같이하여 배가 불타고, 거기 타고 있던 사람들이 불에 타서 사망하게 된다. 이 무서운 재난으로 인해 오대양의 3분의 1이 피로 더럽혀진다고 했다(계 8:8-9).

그렇다고 한다면 이 재난 때문에 닥쳐올 기근으로 인해 어떤 피해를 입게 될 것인지는 뻔한 일이 아닌가. 심각한 기근은 말로 다 할 수 없을 것이다. 그뿐 아니라 횃불같이 타는 큰 별이 하늘에서 강과 수원지에 떨어지게 되어 오염된 쓰디쓴 물을 먹고 수많은 사람이 비참하게 쓰러지게 되며, 식수가 없어 갈증 때문에 사람들이 아우성치게 될 것이다(계 8:10-11). 거기에다 네 번째 재앙의 나팔이 울리면 태양이 피해를 입어 태양의 3분의 1이 힘을 잃게 되며, 모든 민족을 공포의 도가니로 몰아넣게 될 것이다(계 8:12). 태양이 열과 빛을 잃으면 거기에 자연히 따라오는 것이 기근이요, 또한 극심한 추위가 엄습하여 많은 사람이 죽을 것이다.

다섯 번째 나팔 소리가 울려 퍼질 때 악마 같은 무서운 모양이면서 황충의 모양을 한 짐승들이 다섯 달 동안 이 세상 사람들을 물고 쏘아 참을 수 없는 심한 고통을 주게 될 것이다. 그러나 이마에 하나님의 인 맞은 자들만은 이 무시무시한 재앙을 면할 수 있게 된다.

> "황충들의 모양은 전쟁을 위하여 준비한 말들 같고 그 머리에 금 같은 관 비슷한 것을 썼으며, 그 얼굴은 사람의 얼굴 같고 … 또 전갈과 같은 꼬리와 쏘는 살이 있어 그 꼬리에는 다섯 달 동안 사람들을 해하는 권세가 있더라"(계 9:7-10).

여섯 번째 나팔이 울려 퍼질 때는 악마 같은 짐승 넷이 또 풀려나올 것이라고 했다. 그들은 옛적에 사탄이 하나님과 대적하려 했을 때 함께 반역에 따르던 악한 무리들로서 갇혀 있다가 이 세상으로 쫓겨난 타락한 천사들인데(사 14:12-15, 계 9:14), 아마겟돈 결전을 위해 예비된 2억의 중국 군대를 지휘하게 될 것이다. 이 2억의 군대가 동방에서 유프라테스 강을 건너 이스라엘을 침공함으로써 벌어지는 전쟁이 곧 아마겟돈 전쟁이다.

계시록 16장 12-16절에 기록된 말씀은 동방에서 쳐들어오리라는 예언인데, 곧 중국이 유프라테스 강 동쪽에서 자리 잡고 있으며, 중국의 2억 상비군 또한 예언된 숫자와 같다는 사실을 주목해야 할 것이다. 2억의 군대가 얼마 남지 않은 전 세계 인구 중 3분의 1을 또 죽일 것이라고 했다(계 9:15-18). 그렇다고 한다면 이미 사망한 10억 이상의 생명 이외에 또 10억 이상 사람들이 이때 생명을 잃게 될 것이다.

2억 군대들이 타고 오는 전차에서 발사하는 불과 연기에 죽게 될 것이라고 했다(계 9:17-18). 전차에서 발사되는 최신식 무기(미사일)에 대한 사도 요한의 예언이 현대 과학을 예리하게 묘사하고 있음을 보면 감탄하지 않을 수 없다. 2억 군대! 그들은 대부분 구원받지 못하는데, 진노하신 그리스도의 대심판을 받아 전멸되어 영원한 지옥으로 떨어지게 될 것이다.

또 요한계시록 16장 2절에 보면 "짐승의 표를 받은 사람들과 그 우상에게 경배하는 자들에게 악하고 독한 종기가 나더라"고 했는데, 그 병은 고름이 줄줄 흐르는 종기와 같은 것으로서 도저히 참을 수 없는 극에 달한 최고의 고통과 괴로움을 주는 것이라고 했다(계 16:11). 이런 고통을 당하는 사람들이 되지 않도록 정신 차려야 한다.

지금까지 열거한 모든 재난이 극심하지만, 아직 열거하지 않은 일곱 대접의 재앙에 대해 기록하면 더욱 충격을 받게 될 것이다. 기록한 필자 또한 생각만 해도 끔찍하여 온몸이 떨려 온다.

　여기에서 좀 더 자세하게 대환란 날에 있게 될 사건들을 차례차례 펼쳐 보려고 하였으나, 지면 관계로 생략한다.

PART 7

재 림

세계대전으로 강국들도 무너지며,

사상 최대의 지진이 그들을 삼키리라.

재림

그리스도의 재림은 성경 말씀의 가장 중요한 교리 중의 하나이다. 이 재림에 대한 말씀이 신약에서만 3백 번 이상 기록되어 있다. 이 예언은 사람의 뜻으로 난 것이 아니라, 오직 성령의 감동하심을 입은 사람들이 하나님께 받아 기록한 것으로서, 예수 재림을 통해서 글자 그대로 완전히 성취될 것이다.

〈다니엘〉서와 〈요한계시록〉을 읽고 오늘날의 이변의 사건과 이스라엘의 되어가는 일들을 보면 볼수록 급속하게 인류 최후의 날이 다가오고 있음을 절감하게 된다.

그리스도께서 이 땅에 처음 오실 때엔 비천한 신분으로 탄생하셨다. 그리고 갖가지 수모를 받으시며 갖은 고생을 다 하시며 자라시고, 예루살렘에서 재판받고 유대인 지도자들의 강요에 의해 로마 병사들의 잔악한 망치로 십자가에 못 박혀 죽으셨다. 만왕의 왕이 종의 모습으로 오셨기에 이스라엘 민족의 환영을 받지 못하고 미움을 받아 형장의 이슬로 사라지셨던 것이다. 그러나 사망을 깨고 부활하신 주님은 많은 사람에게 성경의 예언대로 이루어진다는 사실을 증거하시면서 감람산에서 승천하셨다. 그리고 다시 오시겠다고 약속하셨다. 또한 천사도 새차 재림을 단언하고 있다.

"갈릴리 사람들아 어찌하여 서서 하늘을 쳐다보느냐 너희 가운데서 하늘로 올려지신 이 예수는 하늘로 가심을 본 그대로 오시리라"(행 1:11).

주님은 너무 겸손하셨기에 초림은 너무 초라했었다. 그러나 주님의 재림은 결코 초라하지 않을 것이라고 했다. 세계 역사상 유례없는 장엄한 모습으로 오실 것이다. 이날은 가장 극적이요, 충격적인 사건으로 온 세계를 놀라게 할 것이다. 신생 로마 제국도 결국 멸망하여 끝을 내고 말 것이며, 세계 대전으로 인해 강국들도 무너지며, 북방과 남방 및 동방에서 수억의 대군(중국)이 중동에 도착하여 세계 정부의 수도인 예루살렘을 공격하여 파괴할 때, 진노의 마지막 그릇에 의해 사상 최대의 지진이 일어나 그들을 삼킬 것이다. 그들은 사탄 군대와 통합하여 최후 순간까지 결전을 벌이지만, 분노하신 그리스도의 대심판에 의해 완전 전멸되고 사탄 무리 악령들은 사로잡혀 결박되어 불못에 던져지게 된다는 예언대로 이루어질 것임을 믿는다.

신약성서에 교회 휴거나 주님의 나라(천년왕국)를 세우기 위해 오실 재림은 절대적 비중을 차지하고 있음을 본다. 주님의 재림은 마치 번개가 동쪽에서 서쪽으로 번쩍이는 것 같이 오시리라고 했다(마 24:27).

"그날 환난 후에 즉시 해가 어두워지며 달이 빛을 내지 아니하며 별들이 하늘에서 떨어지며 하늘의 권능들이 흔들리리라 그 때에 땅의 모든 족속들이 통곡하며 그들이 인자가 구름을 타고 능력과 큰 영광으로 오는 것을 보리라"(마 24:29-30).

또 계시록에서 주님의 재림을 상세하게 묘사하고 있다. 계시록 1장 7절에 보면 "볼지어다 그가 구름을 타고 오시리라 각 사람의 눈이 그를 보겠고 그를 찌른 자들도 볼 것이요 땅에 있는 모든 족속이 그로 말미암아 애곡하리니 그러하리라 아멘"이라고 했다.

그러나 혼동하지 말아야 한다. 휴거 때의 재림과 대환란 이후의 재림은 별개의 것이라는 사실이다. 휴거는 대환란 전에 있게 될 것이요, 재림은 아마겟돈 전쟁이 절정에 이를 때 대심판 주로 오시는 것을 말하고 있음을 알아야 한다. 이때 하나님의 영광과 더불어 하늘 문이 열리면서 영광스럽고 신비한 광경을 목격하고 세계 사람들이 놀라고 놀라며 두려워하게 될 것이다. 이날 그리스도의 행렬은 실로 장엄한 모습으로 나타나리라고 말씀하고 있다.

"또 내가 하늘이 열린 것을 보니 보라 백마와 그것을 탄 자가 있으니 그 이름은 충신과 진실이라 그가 공의로 심판하며 싸우더라 그 눈은 불꽃 같고 그 머리에는 많은 관들이 있고 또 이름 쓴 것 하나가 있으니 자기밖에 아는 자가 없고 또 그가 피 뿌린 옷을 입었는데 그 이름은 하나님의 말씀이라 칭하더라 하늘에 있는 군대들이 희고 깨끗한 세마포 옷을 입고 백마를 타고 그를 따르더라 그의 입에서 예리한 검이 나오니 그것으로 만국을 치겠고 친히 그들을 철장으로 다스리며 또 친히 하나님 곧 전능하신 이의 맹렬한 진노의 포도주 틀을 밟겠고 그 옷과 그 다리에 이름을 쓴 것이 있으니 만왕의 왕이요 만주의 주라 하였더라"(계 19:11-16).

　승리를 상징하는 백마를 타신 그리스도 뒤를 따르는 수많은 천사와 성도들과 화려한 광경을 보고 만인은 경악을 금치 못함과 동시에 서로 격렬하게 싸우던 양 군대들은 상이점을 망각하고 하늘의 군대들과 싸우기 위해 힘을 모아 싸울 준비를 모색하게 될 것이다. 그러나 사탄의 군대나 인간의 군대(중국군)가 최선을 다하여 혈전을 벌이지만 그리스도를 대항하기엔 너무 초라하여 자폭하는 것과 같은 어리석은 행동이 되고 말 것이다. 이 때문에 사악한 무리들은 그리스도의 대심판을 받아 전멸되고 공중의 새들이 죽은 왕과 장군, 군병들과 말들의 시체를 고기로 먹을 것이라는 무서운 말씀대로 비참한 광경이 벌어질 것이다. 그리고 살아남은 신생 로마 제국 통치자와 적그리스도와 거짓 선지자, 사탄의 무리들은 산 채로 잡혀 유황불 못에 던지게 될 것이라고 예언하고 있다(계 19:20).
　그리스도의 재림은 지구가 세계 대전으로 거의 파멸될 무렵에 오셔서 이스라엘 민족을 구원하고 이스라엘 백성을 괴롭히는 악령 시대에 종지부를 찍을 것이다. 그리스도 재림과 교회 휴거는 상이한 사건임을 성서의 예언 속에서 명확히 발견할 수 있다.
　그러나 그리스도 재림도 교회의 휴거 때처럼 눈 깜짝할 사이에 순간적으로 발생할 것이다. 그 발생지는 중동의 중심부가 될 것이며, 이 이변 광경을 만인이 보고 충격받을 것이다. 그리스도께서 시온산에 그 모습을 나타나실 때 아마겟돈 전쟁을 위해 집결된 사악한 군대가 전멸되고, 살아남은 이방인들도 똑같은 심판을 받게 될 것이며, 휴거 후 깨닫고 환란을 믿음으로 이긴 성도들은 그리스도가 통치하는 평화스러운 천년왕국으로 인도함을 받아 복락을 누리게 될 것이다.

예수의 재림은 평화의 나라 건설의 신호다. 인간의 어떤 노력으로도 이 땅에 참된 평화는 실현되지 못한다. 혼란을 없애고 평화를 실현하기 위해 온갖 노력을 다하지만 전쟁, 기아, 혼란, 비극의 연속일 뿐이다. 평화를 위해 세워진 유엔의 노력으로도 이루어지지 않고 있다.

> "…무리가 그들의 칼을 쳐서 보습을 만들고 그들의 창을 쳐서 낫을 만들 것이며 이 나라와 저 나라가 다시는 칼을 들고 서로 치지 아니하며 다시는 전쟁을 연습하지 아니하리라"(사 2:4).

유엔 본부의 초석에 이 말씀이 새겨진 것은 퍽 아름다운 일이나, 진실로 평화의 건설은 재림 후 이루어질 천년왕국에서 성취된다는 사실을 알아야 한다. 이런 말을 듣는 많은 사람 중 "언제 그 일이 일어나는가?"라고 질문을 할 것이다. 그러나 정확한 날짜와 시기는 알 수 없다.

다만 얼마 남지 않았다는 말밖에는 할 수 없는 것이 유감스러울 뿐이다. 그 누구도 마찬가지다. 만약 정확한 재림 날짜와 시간을 말하는 사람이 있다면 분명 사탄에 속한 사람일 것이다. 때문에 정확한 날짜를 말하는 모든 사람이 의심스럽다는 얘기가 된다. 분명히 마태복음 24장 36절에, 아무도 그날이나 그때를 알 수 없다고 말씀하셨기 때문이다.

다만 시대 징조를 말할 수 있고, 이 시대가 마지막 시대라는 사실만은 말할 수 있다. 그것은 성경 말씀과 경험에서 얻은 교훈이다.

필자는 이 지구의 파멸을 초래하는 재난 앞에 서 있다는 생각을 버리지 못한다. 분명 내가 살아 있을 때 예언 말씀이 성취될 것이라는 확실한 신념 속에서 살고 있다. 아마 이 책을 읽는 이들도 살아생전에 모든 변화가 있을 것이라는 사실을 믿어 보는 것이 지혜로운 삶이 될 것이다.

1. 아마겟돈 전쟁

〈아마겟돈〉이란 늘 대량 학살이 자행됐던 중동의 〈메기도 산〉이다.

'아마겟돈'이란 〈산〉이란 뜻의 암(arm)과 북부 팔레스타인에 위치하고 있는 메기도(Megiddo)라는 지역의 합성어라고 한다.

세이스 박사는 아마겟돈이란 의미를 다음과 같이 말한다.

"아마겟돈이란 메기도(Megiddo)산을 가리킨다. 지중해에서 요단강에 이르는 성지(聖地) 팔레스타인 사이의 에즈레엘 대평원도 여기에 속한다. 아마겟돈이라는 말은 '베어내다', '죽이다'의 뜻을 가진 히브리어에서 유래됐다. 게다가 메기도는 언제나 대학살이 자행되어 온 곳이다."

지중해 가까이에 자리 잡고 있는 메기도 산은 수많은 혈전이 있었던 곳이다. 메기도 산에 올라 이 계곡을 내려다보면서 나폴레옹이 유명한 예언의 말을 남겼는데, 이것이 현재 적중한 아마겟돈 비극이 일어날 것에 대한 말이었다. "세계의 모든 군대들이 이곳에서 전투를 벌이게 될 것이다."라고 그는 말했다고 한다.

요엘서에는 이 계곡을 〈여호사밧 골짜기〉라고 불렀다. 폭이 약 14마일이요 길이가 약 20마일에 이른다는 이 골짜기에 군대가 모여 상륙하기에 알맞고 쉬운 지역이 될 것이라고 한다. 이 골짜기에 수억의 군대가 집결되어 마지막 전쟁을 하려고 할 때에 일곱 그릇으로 묘사된 하나님의 진노, 곧 심판이 있게 될 것이다.

> "세 영이 히브리어로 아마겟돈이라 하는 곳으로 왕들을 모으더라 일곱째 천사가 그 대접을 공중에 쏟으매 큰 음성이 성전에서 보좌로부터 나서 이르되 '되었다' 하시니 번개와 음성들과 우렛소리가 있고 또 큰 지진이 있어 얼마나 큰지 사람이 땅에 있어 온 이래로 이같이 큰 지진이 없었더라 큰 성이 세 갈래로 갈라지고 만국의 성들도 무너지니 큰 성 바벨론이 하나님 앞에 기억하신 바 되어 그의 맹렬한 진노의 포도주 잔을 받으매 각 섬도 없어지고 산악도 간 데 없더라 또 무게가 한 달란트나 되는 큰 우박이 하늘로부터 사람들에게 내리매 사람들이 그 우박의 재앙 때문에 하나님을 훼방하니 그 재앙이 심히 큼이러라"(계 16:16-21).

하나님 진노의 심판 앞에서 무릎 꿇고 겸손하게 머리 숙여 하나님께 사죄한다면 얼마나 좋으련만, 오히려 하나님을 훼방하며 죽어가는 비극의 막이 내리게 될 것이다. 이는 사탄이 이들을 이용하고 그들의 마음을 움직이기 때문이다.

　로마 제국(적그리스도) 지휘 아래 모여든 세계 군대들이 동방의 왕 중국군의 인해전술 군대와 정면으로 대결하고, 하나님 진노의 잔을 쏟음으로 예루살렘이 일대 피의 바다를 이루게 될 것이다.

요한계시록 14장 20절에 보면 피가 남방과 북방 320km까지 바다를 이루며, 그 높이는 말굴레까지 닿는다고 했으니 생각만 해도 무시무시한 대량 학살이 감행될 것으로 보인다. 소름 끼치는 이 대참극은 지상 최대 최악의 처절한 전쟁이 될 것이다.

PART 8

천년왕국

"이 열 왕의 때에 하나님이 한 나라를 세우시나니…"

천년왕국

이 천년설은 전 천년, 후 천년, 무 천년 세 가지로 구분 짓고 있는데, 분명하게 그중에서 이것이다라고 말하기 어려운 증거들을 다 가지고 있다. 문제는 어느 천년이냐 하는 것은 중요한 것이 아니라, 천년왕국이 있다는 사실과 그날에는 순교자들과 짐승표를 받지 않은 거룩한 성도들이 살아서 그리스도와 더불어 천 년 동안 왕노릇 한다는 사실이라고 하겠다. 그날에는 세상을 미혹하는 악한 사탄이 결박되어 무저갱에 던져져 만국을 미혹하지 못하도록 하여 정의와 평화가 실현되는 날이 될 것이다.

> "또 내가 보좌들을 보니 거기에 앉은 자들이 있어 심판하는 권세를 받았더라 또 내가 보니 예수를 증언함과 하나님의 말씀 때문에 목 베임을 당한 자들의 영혼들과 또 짐승과 그의 우상에게 경배하지 아니하고 그들의 이마와 손에 그의 표를 받지 아니한 자들이 살아서 그리스도와 더불어 천 년 동안 왕 노릇 하니 (그 나머지 죽은 자들은 그 천 년이 차기까지 살지 못하더라) 이는 첫째 부활이라 이 첫째 부활에 참여하는 자들은 복이 있고 거룩하도다"(계 20:4-6).

"거기는 날 수가 많지 못하여 죽는 어린이와 수한이 차지 못한 노인이 다시는 없을 것이라 곧 백 세에 죽는 자를 젊은이라 하겠고 백 세가 못되어 죽는 자는 저주받은 자이리라"(사 65:20).

이렇게 저주받았던 자연은 회복될 것이며, 동물은 포악함을 잃고 인간은 모두 친구가 될 것이다(사 11:6-9). 이리하여 에덴동산은 실현된다. 사탄은 지옥에 결박되어 있으므로 사회는 죄악이 없어지고 빈곤으로부터 해방된다. 질병, 배고픔, 죽음도 없다. 모든 사회 악, 경제 악, 정치 악이 제거되고, 평화와 사랑의 세계가 건설된다.

"그가 열방 사이에 판단하시며 많은 백성을 판결하시리니 무리가 그들의 칼을 쳐서 보습을 만들고 그들의 창을 쳐서 낫을 만들 것이며 이 나라와 저 나라가 다시는 칼을 들고 서로 치지 아니하며 다시는 전쟁을 연습하지 아니하리라"(사 2:4).

이런 평화스러운 첫 에덴동산이 회복된 낙원에 살 자격이 누구에게나 주어지는 것은 아니다. 그러기에 더욱 주께 충성을 다해야 하는 것이다. 이 천년왕국 기간에 사탄과 거짓 선지자들은 천 년 동안 무저갱에 갇히게 된다.

"또 내가 보매 천사가 무저갱의 열쇠와 큰 쇠사슬을 그의 손에 가지고 하늘로부터 내려와서 용을 잡으니 곧 옛 뱀이요 마귀요 사탄이라 잡아서 천 년 동안 결박하여 무저갱에 던져 넣어 잠그고 그 위에 인봉하여 천 년이 차도록 다시는 만국을 미혹하지 못하게 하였는데 그 후에는 반드시 잠깐 놓이리라"(계 20:1-3).

사탄이 갇히고 지상을 통치하는 평화의 나라가 천 년 동안 계속된다. 그러나 이 사실을 부인하는 성도도 더 나아가 성직자도 있는 것을 보면 놀라지 않을 수 없다. 이건 결코 신비주의 신앙이 아닌 하나님의 말씀 그대로가 아닌가.

"내가 나의 왕을 내 거룩한 산 시온에 세웠다 하시리로다"라고 한 시편 2편 6절에 약속된 말씀 그대로 이 땅 위에 그리스도가 직접 통치하시는 지상천국이 천 년 동안 계속될 것이며, 그리스도와 함께 왕 노릇 하는 성도들의 환희 시대가 될 것이다.

이날에는 우는 자도, 배고픈 자도, 근심이나 불안함도, 소외된 자나 병든 자도 없는 공의로운 위대한 나라가 성취된다. 전쟁이 없는 나라, 도적질하는 자도, 싸움도 없는 살기 좋은 에덴이 다시 이루어질 것이다. 아브라함의 자손들에게 주겠다고 약속하신 축복의 나라가 건설되는 것이다. 영광스러운 그리스도 왕국이 이루어진다는 사실은 분명하고도 확실하다.

다니엘 7장 13-14절의 예언을 보면 "내가 또 밤 환상 중에 보니 인자 같은 이가 하늘 구름을 타고 와서 옛적부터 항상 계신 이에게 나아가 그 앞으로 인도되매 그에게 권세와 영광과 나라를 주고 모든 백성과 나라들과 다른 언어를 말하는 모든 자들이 그를 섬기게 하였으니 그의 권세는 소멸되지 아니하는 영원한 권세요 그의 나라는 멸망하지 아니할 것이니라"고 했고, 또한 다니엘 2장 44절에도 다음과 같이 분명히 그리스도 왕국을 잘 묘사하고 있다.

> "이 여러 왕들의 시대에 하늘의 하나님이 한 나라를 세우시리니 이것은 영원히 망하지도 아니할 것이요 그 국권이 다른 백성에게로 돌아가지도 아니할 것이요 도리어 이 모든 나라를 쳐서 멸망시키고 영원히 설 것이라."

하나님은 믿되 충성 잘하며 믿는 신실한 성도와 물과 성령으로 거듭난, 환란 전에 휴거된 성도가 주의 첫째 부활의 영광에 동참하여 천년왕국에서 왕 노릇 할 권세를 받게 될 것이다. 또한 환란기의 핍박 중에 신앙을 지킨 이스라엘인들은 약속의 땅에 들어가 천국 시민이 되어 축복을 받게 될 것이다(렘 31:31-34, 롬 11:26-27).

PART 9

새 하늘과 새땅

찬송과 감사만이 넘치는 영원한 세계가 당신을 기다리고 있다.

새 하늘과 새 땅

천국! 천국은 과연 존재하는가?

인간의 최고 염원인 천국은 분명히 존재하고 있다. 다음의 성경 말씀으로 알 수 있다.

"또 내가 새 하늘과 새 땅을 보니 처음 하늘과 처음 땅이 없어졌고 바다도 다시 있지 않더라"(계 21:1).

"또 내가 보매 거룩한 성 새 예루살렘이 하나님께로부터 하늘에서 내려오니 그 준비한 것이 신부가 남편을 위하여 단장한 것 같더라"(계 21:2).

"모든 눈물을 그 눈에서 닦아주시니 다시는 사망이 없고 애통하는 것이나 곡하는 것이나 아픈 것이 다시 있지 아니하리니 처음 것들이 다 지나갔음이러라"(계 21:4).

요한계시록 21장 18절을 보면, 이 천국의 성곽이 벽옥으로 쌓였고, 그 성은 정금이고, 그 성의 성곽의 기초석은 각색 보석(벽옥, 남보석, 옥수, 녹보석, 홍마노, 홍보석…)으로 꾸몄고, 열두 문은 열두 진주로 되어 있고, 성의 길은 유리 같은 정금으로 되어 있다고 했다. 보석으로 세워진 천국에는 낮과 밤이 없기 때문에 해나 달도 없고 하나님의 영광으로 빛이 필요 없는 세계다.

생각해 보라! 얼마나 벅찬 환희의 나라인가? 또 계시록 22장 1-5절을 읽어 보면, 수정 같이 맑은 생명수의 강이 흐르고, 강 좌우에 생명나무가 있어 열두 가지 열매를 맺고, 그 나무 잎사귀는 만국을 치료하기 위해 있으며, 그 가운데에 어린 양의 보좌가 있어 영원히 그리스도를 모시며 세세토록 왕 노릇 하리라고 기록하고 있다. 거기엔 슬픔도 눈물도 고통도 이별도 죽음도 없이 인간의 언어로는 형용할 수 없는 황홀하고 찬란한 새 땅과 새 하늘에서 영원한 기쁨을 만끽하면서 살 수 있다. 이 얼마나 감사하고 기쁜 일인가. 이 일을 생각한다면 잠시 잠깐 인생길에 어떤 역경이 있다 할지라도 늘 주님을 찬양하며 살아가는 것이 성도의 바른 자세일 것이다.

하나님은 그것을 기대하신다. 그런데 그 작은 고난을 이기지 못하고 하나님의 뜻을 알지 못해 좌절하는 일이 있어서는 안 될 것이다. 천국에서는 하루가 천년 같고 천년이 하루 같다고 했다. 우리에게는 긴 고난일 수 있으나 하나님에게는 지극히 짧은 고난이며 이를 통해 영원한 세계의 면류관을 주시는 것이다. 그러므로 바울은 "범사에 감사하라"고 했다.

우리는 현세를 위해 사는 비크리스천과는 다른 새 하늘과 새 땅의 세계를 바라보며 맡은 바 사명에 충성을 다해 생명의 면류관, 의의 면류관을 받아야 한다. 언제 임할지 모르는 그 날을 항상 준비하며 살아야 하는 것이다.

> "그러나 주의 날이 도둑 같이 오리니 그 날에는 하늘이 큰 소리로 떠나가고 물질이 뜨거운 불에 풀어지고 땅과 그 중에 있는 모든 일이 드러나리로다 이 모든 것이 이렇게 풀어지리니 너희가 어떠한 사람이 되어야 마땅하냐 거룩한 행실과 경건함으로 하나님의 날이 임하기를 바라보고 간절히 사모하라 그 날에 하늘이 불에 타서 풀어지고 물질이 뜨거운 불에 녹아지려니와 우리는 그의 약속대로 의가 있는 곳인 새 하늘과 새 땅을 바라보도다"(벧후 3:10-13).

이 새 하늘과 새 땅은 살아생전 주를 믿음으로써 구원받은 하나님의 거룩한 백성 성도들만이 살 수 있는 영광스러운 곳이다. 시기도 질투도 반역도 없고, 오직 평화, 정의, 사랑과 희열로 조화를 이룬 낙원의 동산에서 어린 양 예수 그리스도를 모시고 변화된 아름다운 그의 신부가 되어 찬송과 감사만이 넘치는 영원한 세계, 천국에 들어가는 축복받은 생명이 다 되길 기원하며 끝을 맺으려 한다.

"주 예수를 믿으라 그리하면 너와 네 집이 구원을 얻으리라."

"죽도록 충성하라 그리하면 생명의 면류관을 네게 주리라."

에필로그

주님께서 쓰게 하셨습니다!

끝으로 종교개혁자 마틴 루터가 생명을 걸고 외쳤던 「이신칭의」 오직 믿음으로만 구원받을 수 있고 오직 믿음으로만 의롭게 될 수 있다고 주장했던 이 진리의 말씀을 굳게 붙잡고, 생명의 말씀을 지켜 행하여 어린 양의 피로 죄씻음 받아 다 구원받고 천국에 들어가 영생복락을 누리시길 소망하고 기원합니다.

작가들이 많이 배우고 실력이 뛰어난 사람들만 글을 쓰고 출판하는 일임을 잘 알고 있었기에 한 번도 작가가 되고 싶다는 생각을 해 본 적이 없었습니다. 그런데 주님께서 오래전에 『사모가 본 사모학』을 쓰게 하시려고 자격이 없는 나를 작가 되게 하셨고, 글 잘 쓰는 작가라는 영광까지 얻게 하사 신문에까지 내 글이 실리게 하셨습니다. 아무것도 할 수 없었던 나같이 못난 것을 주님께서 부족한 것은 채워주시고, 허물을 덮어주시고, 힘과 능력을 덧입혀 작가라는 명성을 얻게 하신 주님의 은혜를 생각하면, 엄마라는 소리만 들려도 어머니가 보고 싶듯이 주님이라는 소리만 들리면 한없이 그립고 보고 싶어 나도 모르게 하늘나라로 내 마음이 달려가고 있었습니다.

하늘보다 높고 바다보다 깊은 주님의 은혜를 어찌 갚으오리까?

사랑하는 주님 감사합니다. 사랑합니다.

감당할 수 없는 넘치는 사랑과 은혜를 부어주신 주님, 감사합니다!

비록 사명 때문에 가도 가도 끝이 없는 야곱처럼 험하고 고단한 인생길을 걸어야 했지만, 사명 때문에 개척하는 무명의 사모에서 강사로 초빙받는 빛나는 인생이기도 했기에 행복하게 사역할 수 있었습니다.

분에 넘치는 사명을 받아 『내가 본 사후세계』를 출판하게 되었습니다.

이 책을 출판할 수 있게 된 것은 박정숙 권사님의 도움을 받을 수 있었기에 글을 쓸 수 있었고, 조연한 안수집사님과 이해옥 권사님, 이선영 권사님들의 도우시는 손길이 있었기에 출판할 수 있었습니다. 그리고 딸 사라가 연약한 중에도 매일 주사를 맞으면서도 사랑의 수고를 아끼지 않았기에 글을 마무리할 수 있었습니다.

이 영광스러운 사명에 동참하여 큰 힘이 되어주신 조연한 안수집사님, 이혜옥 권사님, 박정숙 권사님, 이선영 권사님, 딸 사라에게 한없는 주님의 은총을 내리소서.

『내가 본 사후세계』를 쓰면서 『대심판』을 쓸 때처럼 깜짝깜짝 놀랄 때가 한두 번이 아니었습니다. '내가 어떻게 이런 사실을 알고 글을 쓰고 있지? 어떻게 알았을까?' 하는 의문들이 나를 놀라게 했습니다. 그러던 중 주님께서 쓰라 하셨으니 쓰게 하시려고 보이지 않는 손길로 역사하고 계셨다는 사실을 깨달을 수 있었습니다. 내 지식으로 쓰는 것이 아니라 대필하고 있을 뿐, 나는 그저 주님의 도구로 사용되는 심부름꾼임을 알 수 있었습니다.

주님께서 알게 하시고, 생각나게 하시고, 떠오르게 하시고, 때로는 직접 말씀하시고, 알려 주셔서 주님의 은혜로 이 글을 쓸 수 있었으므로 이 글의 저자는 주님이십니다. 주님께서 쓰라 하셨고 주님께서 쓰게 하셨으니 이 책을 주님께 바칩니다. 그리고 이 책을 통해서 수많은 영혼을 구원하고 생명을 살리게 될 것이라고 하신 말씀대로 이 책을 읽고 수많은 사람이 주께로 돌아와 구원받고 천국 들어가게 하소서.

다시 한번 내가 나 된 것은 무조건적인 주님의 은총의 역사였다고 고백하게 하심을 감사드립니다.

찬양과 영광을 받으시기에 합당하신 주님께서 영원토록 존귀와 찬송과 영광을 받으소서!

아멘, 주님 감사합니다!

내가 본 사후세계 그리고 환란과 심판

초판 1쇄 발행 2023. 01. 06.
　　2쇄 발행 2024. 05. 10.

지은이　신옥자
펴낸곳　도서출판 소망
주 소　10252 경기도 고양시 일산동구 고봉로 776-92
전 화　031-976-8970
팩 스　031-976-8971
이메일　somangsa77@daum.net
등 록　(제48호) 2015년 9월 16일

ISBN　979-11-981157-0-6 03230

책값은 뒤표지에 있습니다.